我很深刻地知道，對我來說，亞當不可思議地成了永活基督的形象，正如耶穌活在人世時是祂門徒的朋友、老師和嚮導一樣。

—— 盧雲

獻給

珍妮和雷克斯·阿內特

靈修著作精選 | 盧雲系列

亞當

神的愛子

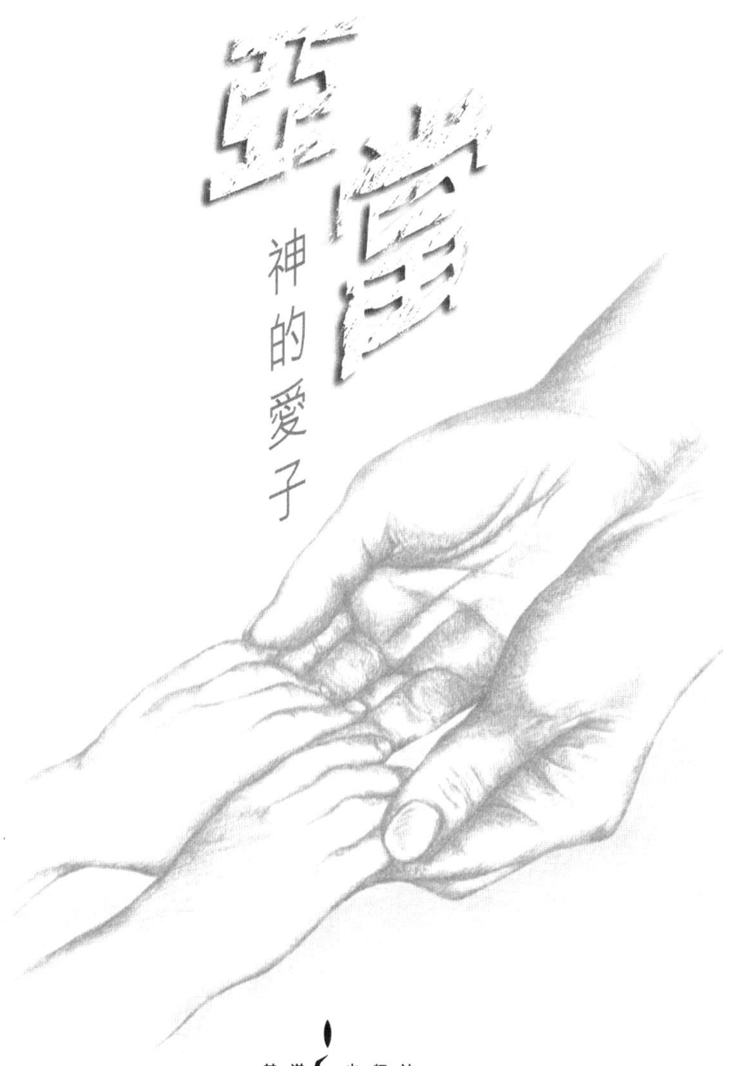

基道出版社

▼

靈修著作精選 • 盧雲系列

亞當

神的愛子

Adam: God's Beloved

作者
盧雲 Henri J. M. Nouwen

譯者
陳永財

責任編輯
伍美詩

裝幀設計
伍愛清

■

出版／發行
基道出版社
香港沙田火炭坳背灣街 26 號富騰工業中心 10 樓 1011 室
LOGOS PUBLISHERS
Unit 1011, 10/F., Fo Tan Ind. Centre, 26 Au Pui Wan St., Shatin, Hong Kong
電話：(852) 2687-0331 傳真：(852) 2687-0281
網址：http://www.logos.com.hk

承印
陽光（彩美）印刷有限公司

●

7/1999 初版 3/2001 二版
Cat. No. LP737-2
ISBN-10: 962-457-154-6
ISBN-13: 978-962-457-154-7
Original Edition " Adam: God's Beloved"
Published by Orbis Books, U.S.A.

Printed in Hong Kong

刷次	12	11	10	9	8	7	6	5	4	
年份	2029	2028	2027	2026	2025	2024	2023	2022	2021	2020

前言

亞當．阿內特(Adam Arnett)在一九九六年二月死後不久，亨利(編按：即作者盧雲)便告訴我他打算寫一本關於亞當的書。他很想寫這本書，希望我能告訴他一些亞當的生平事迹，好幫助他完成寫作。我感到意外。對我來說，亞當死了不久便替他寫書，未免太早了。我告訴亨利我需要多一點時間。他覺得為難，便乾脆自己動筆寫。這麼一來，倒教我為難了。

亨利寄了初稿給他的出版商羅伯特．埃爾斯伯格(Robert Ellsberg)，然後透過書信討論手稿的優劣，以及需要改善的地方。亨利也與亞當的父母雷克斯．阿內特(Rex Arnett)及珍妮．阿內特(Jeanne Arnett)談過，要求他們抽空講述亞當早年的經歷及事迹。他們打算合作，讓亨利可以有多點資料來寫這書的首兩章。

亨利於一九九六年九月二十一日突然去世。

亨利在遺囑中委託我做他遺稿的管理人，除處理其他事宜外，還負責接手完成這本書。在這方面，我得到亨利的出版商支持，探訪了亞當的父母。接著我便著手整理手稿。

一開始整理那份手稿，我便深受亨利和亞當那份充滿力量、意義深遠的感情打動。他們的交情始於亨利人生的重要時刻，那時他正努力尋找一個家。亞當以自己的同在及純真的心，迎接亨利到自己家中。這是個令人難以置信的故事。

我也發現手稿有不足之處，最明顯的是對亞當早年的生活著墨不夠，因此我下了功夫，加強這部分的內容。從事這工作讓我有機會為失去這兩位好友而難過。下筆時，我與他倆說話，卻「聽」不到他們任何回應。不過在整個過程中我仍得到很大鼓舞，懷著熱情及信念幹下去。這是由於他們與我同在，而他們的靈也引導我。我確實相信他們在幫助我。

這份描述他們交情的手稿，在我感哀傷時深深激勵我。現在我很感激亨利開始了這工作，我感謝他給我參與其事的機會，為撰寫他倆的故事出一分力。和亨利一樣，我懷著愛和愉快自由的心情從事這工作。

亨利以耶穌的一生為藍本來描述亞當的事迹，成績斐然。不單如此，在寫作的過程中，他發現亞當的故事也是他自己的故事。最後，亨利以他的生花妙筆，也送給我們每個人我們自己的故事。

休．莫斯特勒(Sue Mosteller)CSJ
安大略省列治文山
方舟團體黎明之家
亨利．盧雲文字中心
一九九七年五月一日

目錄

前言…………………………………… VII

引言——我為甚麼寫這書…… 1

1. 亞當的隱藏時期………… 7

2. 亞當的曠野時期………… 19

3. 亞當的公開生活………… 27

4. 亞當的道路……………… 49

5. 亞當的受苦……………… 65

6. 亞當的死………………… 73

7. 亞當的葬禮……………… 85

8. 亞當的復活……………… 97

9. 亞當的靈………………… 103

結語…………………………………… 107

讀後感

（一）大愛若傻………張廣嗣 111

（二）方舟的媽媽……徐玉琼 115

（三）苦難的言說……曾慶豹 119

引言

我為甚麼寫這本書

一九九五年九月，方舟團體黎明之家(L'Arche Daybreak)的同工們給我一年安息年，慶祝我當他們的牧者十週年紀念。我最深切的渴望是寫作，所以決定利用那一年時間，以寫作來討論幾個在我事奉中給我洞見和支持的課題。這些意念很多都是在黎明之家的生活中發展出來的；實際上，黎明之家已成了我真正的家。

我一直在想：「我信甚麼？」「當我說我信神——聖父、聖子、聖靈——時，究竟是甚麼意思？」「我背信經時究竟在說甚麼？」這些問題縈繞在我心頭好一段日子，所以我決定寫一本關於〈使徒信經〉的書。

我與幾個人談及這事，也向我的朋友兼編輯羅伯特．埃爾斯伯格提議，讓我寫一本當代的信仰表白。雖然我最關注的，是以一個嶄新的方式表達我一生都想活出的信仰，不過我相信這書也可以幫助那些正在為了相同問題掙扎的人。對他們來說，傳統的公式已經失去意義，變得毫不相干了。

羅伯特．埃爾斯伯格對這建議頗感興奮，並花時間著力替我搜集一些有關〈使徒信經〉的文章。但當我開始翻閱這些材料不久，便發覺自己沈浸在非常複雜的神學討論中，這些討論環繞著基督信仰的各種主要表達方式和這些形式的由來。我開始懷疑，這個看似簡單的計劃會否只是一個野心勃勃、自命不凡的舉動。我只想以別人能夠明白的語言，表達我們如何奉我們慈愛神之名過活，但我愈讀得多愈感困難。我得問自己：我離開了學術界已超逾十載，也無意做艱深的神學研究，怎麼膽敢寫這樣一本責任重大的書來討論所有基督徒的信經？難道我現在不只是一個由弱智人士組成的小團體的牧者嗎？很明顯，在這個團體中討論我們所相信的十二條信條，很難把話說得清楚。跟我一起在黎明之家生活的人，大部分從來不會條理分明地表達自己的信仰；要他們深入思考神學問題，即使並非不可能，也是十分困難的。

正當我開始懷疑自己是否強己所難時，亞當·阿內特去世了。亞當是我的朋友、我的老師、我的嚮導。他是個非比尋常的朋友，因為他不能像大多數人那樣表達情感和愛；他是個非比尋常的老師，因為他不能深入思考，也不能清楚地表達思想概念；他是個非比尋常的嚮導，因為他不能給我任何實質的指引或意見。亞當是我初來方舟團體黎明之家時的一位同屋，是我加入多倫多這團體時，大家要我照顧的第一個人。那時他正住在那裏。

當我一看到亞當躺在棺木裏，便給這個人的生死奧祕深深觸動。剎那間，我心裏明白，神對這個弱能人的愛是永恆不息的。神差他到世上，給他一個獨特的使命，就是淨化人心，而他已完成了這使命。我不單發現耶穌和亞當的故事有很多相似的地方，還知道一點別的事情。我很深刻地知道，對我來說，亞當不可思議地成了永活基督的形象，正如耶穌活在人世時是祂門徒的朋友、老師和嚮導一樣。了解亞當，和亞當相處，使我對耶穌與門徒的關係，有了真正全新的認識，不單認識了他們很久以前活出的關係，更是耶穌今日要透過那些最軟弱、最易受傷害的人與我及我們活出的關係。事實上，照顧亞當，不單令我加深了對神的認識，亞當更以他的生命幫助我發現及再發現在我「貧乏的靈」裏活著的耶穌的靈。耶穌活在很久以前，但亞當活在我的時代。耶穌的肉身與祂的門徒一起，亞當的肉身與我一起。耶穌是以馬內利——神與我們同在。對我來說，亞當是一個聖潔的人，一個聖人，永活神的形象。

亞當是否很不尋常？是否一個特別的天使？完全不是。他只是芸芸眾生中的一個，但我與他交情甚篤，他對我來說是與眾不同的。我愛他，我們的關係在我生命中是非常重要的。亞當的死深深觸動我，因為對我來說，他比任何書籍或教授更能引領我到耶穌那裏。他的死喚醒了我，好像對我說：「既然我已經離開了你，你可以寫一本關於我的書，告訴你的朋友及讀者，我教了你甚麼有關我們那位奇妙的神的奧祕，祂怎樣來到我們中間，並差下祂的聖靈。」

⊰⊱

亞當下葬後，我恢復寫作，再次面對那個問題：「我信甚麼？」我發覺亞當可以幫助我回答這個問題。我不再閱讀那些神學及歷史論文，轉而思索這個非凡的人的生命及使命。他在三十四歲時離開人世，與耶穌去世時年紀差不多。當我以理智及感情回顧亞當短暫的一生時，我發覺可以透過亞當的故事，以別人容易明白的方式述說我的信仰及基督教的信經。雖然亞當從沒說過一句話，但漸漸地，他卻成了言語的泉源，讓我這個活在禧年交替時期的基督徒可以表達我最深的信念。**他這樣脆弱，卻竟然成了我強大的支持，幫助我宣告基督的豐富；他不能明確地認出我，卻可以透過我，幫助其他人在生命中認出神。**

亞當突如其來的死亡及我的哀傷，引領我到我一直追尋的心靈深處，讓我能夠述說神及祂進入人類歷史的故事。我發覺亞當的故事可以幫助我講述耶穌的故事，因為耶穌的故事已經幫助我明白亞當的故事。

亞當本來可以叫做約翰或彼得。這個以很特別的方式向我顯明主耶穌的人名叫亞當乃純屬巧合，但這巧合卻有神的心意。正如第一個亞當，我們的亞當也代表每一個人，因此也更容易提出這個問題：「誰是向你講述神的亞當？」

引言

我開始寫這書。此書的故事大概和我原本打算寫有關〈使徒信經〉的書差不多。通過亞當這扇門，便可走上表達信經的道路。因此，為了他和我這份獨特的交情，我懷著愛及感激寫這本書。我也深盼透過亞當的故事，別人可以在我們中間認出神的故事，從而有力量以新的方式說：「我確信。」

第一章

亞當的隱藏時期

亞當是雷克斯·阿內特及珍妮·阿內特的次子，生於一九六一年十一月十七日。他是個漂亮的嬰孩，給他的父母、祖父母及八歲的哥哥邁克爾(Michael)帶來無比的生氣及活力。由於邁克爾患有癲癇症，而且經常發作，非常需要別人照顧，雷克斯和珍妮要求醫生替亞當作詳細的檢查，看他是否也患有癲癇症。所有測試都呈陰性反應，使他們很放心。

但亞當並不易養育，使他母親很擔心。他三個月大時，耳朵受到嚴重感染，而且發高燒。珍妮立即發覺這是他第一次癲癇發作。她用毛巾裹著他，抱他到一位當護士的鄰居那裏；那鄰居立刻送他們到醫院。那天晚上，醫生證實亞當也患有癲癇症。

慢慢地，亞當也學會爬行了，但他要到一歲以後才懂得站立。其後有一段很長的時間，他都在家裏小心、安全地扶著傢具一步一步地走動。到了兩歲那年某一天，他終於可以不靠扶持，自己走路了。他父母都很高興。

亞當的癲癇繼續發作，醫生也給了他處方，不過亞當頭幾年的體質大致上是不錯的。他沒有學懂說話，卻會聽從指示做事，也知道周圍發生甚麼事，並能以自己的方式與人溝通。當他父親發出嗡嗡聲，以手指在亞當頭上轉來轉去，最後將「蜜蜂」輕輕地停在亞當鼻子上時，他會抓著父親的手臂在空中打圈，表示他想再玩這遊戲。

亞當四歲時，開始有限度地到戶外去。他特別喜歡走到屋後，爬上野餐用的桌子，坐在那裏，等候母親給他果汁。接著，他會坐到桌子旁邊（那兒沒有長椅），想要著地，但當他雙腳懸在桌外時，他便會停在那裏，不上不下，也不說甚麼，只靜靜等待救援。其實他曾學過怎樣走下來，不過他比較喜歡這樣靜靜地等待援手。這種從幼年便開始的簡單等待姿態，就是他一生的主要特徵。

亞當不能像同齡的兒童一樣玩耍或說話，所以沒有機會結交朋友，增廣見聞。除了在家裏外，亞當的生活及成長沒有太多歡樂，這與他的弱能極有關係。

亞當也喜歡從屋後走到街上，逛一圈後走回來。雖然街上的四間屋子外形都一樣，但亞當總能認出哪間才是自己的家，絕不會走過了頭。他有時候會舉起雙手，沿街緩緩地跑。鄰居認得他，便會高聲通知他父母，恐怕他會跑到別處去。

珍妮購物時需要帶他同往，當購物手推車的小童座位再容不下他時，她便把他放在購物車上，然後將要買的東西放在他懷中。珍妮回憶說：「開始的時候他很安靜，但當我找需要的物品時，他便會伸手拿東西放在車上。我責備他，告訴他我不需要那些東西，不過他仍不肯住手。起初他會安靜地坐著，但當東西愈堆愈高時，他便會抱怨起來，將東西移來移去。我得向他保證，我們快買完東西，他很快便可以出來了。

當購物車載滿東西時，他會將車上的東西一件一件地拿起來，慢慢地偷偷將它們掉在地上。因為亞當，有時我多買了東西，有時卻少買了！」但雷克斯與珍妮仍以幽默的態度面對這一切。

亞當喜歡吃東西，尤其是甜點。很多時，邁克爾只顧説話而忘記了吃東西，亞當便會將自己的調羹伸向邁克爾的甜點。有時他甚至會趁邁克爾不留神時，設法把邁克爾的碟子拉到自己面前。雷克斯和珍妮都很喜歡亞當這些小小的惡作劇。

阿內特家的雜物櫃設於樓頂的平台上。有一天，雷克斯發覺亞當打開了櫃門，拉了吸塵機出來。亞當發覺自己能夠把吸塵機一步一步地拉到前面長長的樓梯邊沿，感到很過癮。雷克斯説：「我站在樓梯下面，見到亞當可以自己做點事，感到很興奮，於是叫珍妮來和我一起看。每次亞當將吸塵機拉得更接近樓梯邊沿時，都偷看我們，大概也知道自己在搞鬼。最後他用力推了吸塵機一下，於是吸塵機便嘩啦嘩啦地沿樓梯掉下來。」雷克斯憶述這段往事時，有點得意。亞當做了一些事！而且是頂刮刮的事！雷克斯興奮得對亞當説：「再來一次！」雷克斯總結這個故事時笑著説：「我們願意多買一部吸塵機，讓亞當可以繼續將吸塵機從樓梯上摔下來，感受一下自己的力量。」

亞當不符合入學要求，使他的童年更與世隔絕。他八歲時，珍妮認識了一羣家長，他們與一些義工為弱能兒童開辦了一個小組，於是亞當每天兩小時參加這小組的活動。十歲時，他終於可以上學了。但因為他的癲癇經常發作，所以很多時都要遲到或早退。他的學校生活就像他的社交生活一樣備受限制，邀請亞當參加生日會的人並不多。他童年的日子，大部分都封閉在家裏與最親的家人度過。

但他仍然喜歡運動。開始上學不久，他便整天在自己的牀上跳來跳去。每當亞當能自己做點甚麼事，他父母都會很高興。不過，他這樣跳實在太危險了，他們很擔心他的安全。他們盡力讓他明白在牀上跳動是不好的，但他卻認為那裏很合適！雷克斯將牀弄得堅固些，但那張牀仍經常需要修理。有一天，整張牀終於塌下來。不久，學校給家長看一盒製作得很差的錄影帶，拍攝一個學生在彈牀上上下跳動。珍妮問老師那孩子是誰。老師說：「是你們的孩子！」他們才明白為甚麼他喜歡在牀上跳。

教會沒有完全接納亞當。當他的父母知道他因為殘障而不能和同齡的兒童一樣接受聖餐及堅信禮時，非常難過。不過，其後在一個信仰分享小組內，亞當終於領了第一次聖餐，並與這小組的朋友一同敬拜。

在他的隱藏歲月中，亞當以自己獨特的方式與人溝通，但人們並不是常常都能明白他。有一年對亞當來說特別難熬，那年醫生診斷出他是聾子。專家替他檢驗，給他裝上助聽器，但他很抗拒那東西。經過幾個月，人們不斷幫助他適應並接受那助聽器，但他都顯得很不舒服，並設法將它從耳朵裏扯出來。過了差不多一年，醫生再替他檢驗，才發現他並不是聾子，那個助聽器將他聽到的聲音放大了，使他的耳朵受到傷害。他父親說：「他受了很多苦。但我們並不知道，因為他不能告訴我們。」

亞當不懂得看鐘，卻知道甚麼時間吃飯。每天下午五時，他便會走到廚房，慢慢打開碗櫃的滑門，拿出平底鍋，放在爐上，提醒珍妮是時候弄晚餐了。如果珍妮不會意，他便會搖動那鍋，確保珍妮「聽到」她應該立即預備晚餐了。

亞當十三歲時，到一個為弱能人士而設的中心，接受為期兩星期的如廁訓練。他有兩個特點，是中心的職員不知道的。第一，他很饞嘴；第二，他只會在穿著尿片或短褲時小便。那些職員發覺他是惟一懂得自己到飯廳的學員，又是驚奇，又是高興。不過他們卻不明白為何他坐在廁所三四個小時仍沒有小便，但一旦穿回短褲，他的尿液卻像尼加拉瓜大瀑布般嘩啦啦地排出來。訓練完結後，雷克斯駕著新買的車子接他回家。那天下午，他一定接受了漫長的訓練，因為當他踏進車廂不久，便立刻替那汽車「施洗」。他卻只是在笑。

⊱⊰

不久後的一天，他爸爸參加一個營業會議，珍妮則留在家陪伴兩個孩子。當珍妮要到樓上拿點東西，便吩咐邁克爾：「好好看著弟弟一會兒，我很快便回來。」她上樓後，聽到電話響起，於是便去接聽。正當她在聽電話時，邁克爾突然大叫起來：「來啊！來啊！不得了！不得了！」珍妮跑下樓去，只見亞當躺在長沙發旁，四周都是血，她根本不知道血從哪裏來。當她扶起亞當時，赫然發現原來在亞當跌倒時，他的兩隻門牙被推入牙齦內。醫院的醫生替他做手術，把兩隻牙齒移回原位，並替他的牙齒裝上齒冠。醫生說他癲癇發作時跌倒，舌頭被割了一個「V」形，所以流了那麼多血。

這次癲癇發作改變了亞當的一生。醫生替他作了徹底的檢查，決定給他新處方。往後的日子，他母親不斷告訴護士說，孩子動也不動地躺在牀上，完全不像他以前在家裏時那樣，能自由地走來走去，參與家裏的活動。但護士告訴她，她們已盡了力，可以帶他回家。回家三天後，珍妮請了一位公共衞生護士(public health nurse)照顧他。那位護士發現了為甚麼亞當會變成那樣。原來醫生給了他新處方後，沒有停止他原本吃的藥，以致他那幾天都吃了分量過多的藥，對他造成永久損害。此後亞當的情況大不如前。他變得軟弱無力，喪失了大部分自由活動的能力，需要別人扶著他走路，甚至經常要別人揹著他，而且他的癲癇發作得更頻密，消耗他很多體力。每當他情況不大好，腸胃或其他地方不適，都會走到爸爸或媽媽身邊，靜靜地摟著他們。他很喜歡這樣做，覺得心滿意足，良久也不肯放手。

當我問雷克斯有關亞當的事時，他說：「亞當為我們帶來和平。他靜靜地與我們一起時，總能帶領我們進入自己內心的寧靜處，並使家裏充滿愛。」至於他們夫妻倆花了多少心力挑起照顧邁克爾和亞當這重擔，雷克斯卻不大提起。他們要幫助兩個兒子起牀，替他們洗澡、刮鬍子，餵他們吃飯，替他們洗衣服、更衣，送他們上學或參加日間活動，帶他們看醫生及其他專家。這實在是一個沈重的負擔。

當醫生診斷出珍妮患上嚴重的高血壓時，勸她為邁克爾和亞當找一個照顧弱能人士的地方作他倆長期的居所。身為父母的雷克斯及珍妮不能接受這樣的建議，不過他們也自知不可能長期將兩個兒子留在家裏。亞當及邁克爾已長大了，照顧他們是個重擔，現在應為兩個兒子找新的居所了。但應把兒子送到哪裏呢？

他們從信仰小組的幾個朋友口中，認識方舟團體黎明之家；這些朋友正是這組織的成員。方舟團體是個國際聯邦團體，由加拿大人范尼雲(Jean Vanier)以聖經八福為宗旨，於一九六四年創立的。每個團體都有設於一般社區的家，讓弱能人士與他們的助理一起生活，大家親密無間地分享生命。方舟團體相信，「弱智人士往往擁有親切友善、使人驚歎、自然、直率等特質」，「而且他們活生生地展現了一個更遼闊的世界，呈現出心靈最珍貴的價值」(方舟團體憲章)。

阿內特夫婦探訪過黎明之家幾次。雖然他們知道那裏的人都很善良，但仍很難想像將兩個兒子交託給那些經驗不足的年輕助理會有甚麼後果。身為父母，他們也看出這裏充滿愛及關懷，但這裏人很多，而且有點漫不經心的氣氛。邁克爾及亞當的父母擔心那裏的人會忽略他們的需要。然而他們也曾認真地查詢過，可惜得到的答案，是這個團體從未接受過患有癲癇症或需要特別護理的人，而且那時團體裏也沒有足夠的設備接納像亞當這樣有那麼多需要的人。不過邁克爾卻可以入住那裏，因為他行動自如，而且某程度上可以照顧自己。

其後阿內特夫婦奔波勞碌，花了很長的時間為兒子找尋安身之所。這對慈愛的父母探訪了很多部門及機構，當他們看見一些可以收容亞當的中心的情況時，感到非常震驚。那裏的人都在發臭、死氣沈沈、孤獨的環境下生活。雷克斯説，那麼多年以來，他第一次感到絕望。

於是他們再次接觸黎明之家。當那裏有宿位收容邁克爾時，他很不情願地住進黎明之家的「綠屋」(Green House)。其後，亞當入住一所照顧長期患病人士的醫院，那所醫院就在他父母家附近，他們每天都可以探望他。

就這樣，在其後五年，他們每天都去探望亞當。

這個過渡期對雷克斯和珍妮來說就好像煉獄一般，對邁克爾和亞當更不用說了。初抵黎明之家時，邁克爾很不快樂，因為那裏沒有家裏那樣舒適，也沒有父母那樣週到的照顧；他甚至要求回家，以重獲他所失去的一切。亞當則在醫院冷冰冰的病房裏，與其他需要長期照顧的病人一起生活。他體重下降，還喪失了站立、行走及自由活動的能力。這使雷克斯和珍妮的心傷透。一直以來，他們都是憑著和兩個兒子的關係來確立自己的價值，現在他們卻要將兩個兒子交給別人照顧，這些人永遠不能像他們那樣給兒子那麼多愛和關懷。他們不斷問：「還有其他方法嗎？」「亞當能否有個家？」

當我思索亞當生命中這最初的階段時，不禁想到他的生活與耶穌在家裏的生活很相似。耶穌並非帶著能力與權勢來到世上，而是帶著軟弱之軀降世。祂生命中大部分時間都是隱藏的，像普通人一樣經歷嬰兒期、兒童期、充滿掙扎的青少年期、漸趨成熟的成年期等階段。像耶穌在拿撒勒的生活一樣，亞當的隱藏生活也是默默地為他往後服侍多人的日子作好準備，雖然他或他的父母都沒有這個看法。

我並不是說亞當是第二位耶穌。我只是說，因著耶穌脆弱的一面，我們不妨把亞當極度脆弱的生命看為最具屬靈價值的生命。亞當沒有與眾不同的英雄氣概，也沒有任何報章會談及的過人之處。但我確信，神召喚亞當，要透過他的殘缺來見證神的愛。我並非把他理想化或感情用事。像我們一樣，亞當有很多限制，而且他的限制比大部分人都多，他甚至不能用言語來表達自己。但他同時也是個完整無缺的人，一個蒙福的人。透過自身的軟弱，亞當彰顯神的恩典，成了神獨一無二的好幫手。他在我們當中成了基督的啟示。

亞當內心擁有燦爛的光輝，是來自神的靈光。他的內心沒有充斥著多少旁騖、欲念或野心。因此，他毋須進行任何屬靈操練就能為神倒空自己。他的所謂「殘障」給他這恩賜。對他來說，神從來都不是用智力或情感去追尋的對象。只有那些願意接受他是神的使者的人，才能承認他像耶穌一樣，是蒙愛的，與神相似，並懷有和平使命。

大部分人都視亞當為一個弱能的人，不能貢獻甚麼，是他父母、社區，以至整個社會的負擔。人們愈是這樣看他，他的真實便會一直隱藏起來。沒有人接受所施予的，也就等如未曾施予。

但亞當的父母愛他，只因他是亞當。是的，他們因為他是他而接納他、愛他。他們自己也沒有覺察到，其實他們也把亞當視為神的使者般歡迎，亞當憑著自身的脆弱，幫助神把祝福帶到世上。這樣看他大大地改變了一切。因為如此一來，亞當便成了與眾不同、了不起、蒙神恩賜、充滿希望的孩子。

其後，在黎明之家及其他地方，他的坦率讓我們看到神無條件的愛。他的存在教人希奇，他的價值令人難以置信，這些都讓我們明白到像他一樣，我們也是神寶貴、賜福及疼愛的兒女，無論我們把自己看成是富或貧、聰明或無能、漂亮或毫無吸引力。身為屬靈導師，他會溫柔地帶領我們到我們不願接觸的心靈深處，讓我們各人都可以活出我們的真正使命。與他相交讓我們發現自己更深層、更真實的身分。

但在他早年的生活中，所有這些應許都是隱藏的。我認為亞當的父母不會用這眼光看待或談及他們的兒子。我想，耶穌的父母也沒有這樣看祂。但這並沒有排除我們這樣理解他生命的奧祕，這奧祕在他死後漸漸顯露出來。這是耶穌的遭遇，也是亞當的遭遇。這也是歷史上大部分我們視為偉大的屬靈導師的遭遇。

在神眼中，最重要的往往是最隱藏的。亞當在家與父母生活的十八年是很平凡的故事，並沒有任何奇蹟成分或不尋常的地方。它們只是關於一個住在郊區的小家庭，努力與他們兩個不太正常但了不起的兒子一起過正常的生活。這些故事也是關於亞當的。除了他家人及少數「蒙啟發」的朋友之外，遇見他的人都看不見他可愛之處。這實在令人費解。

第二章

亞當的曠野時期

福音書告訴我們，耶穌在剛受洗後，被聖靈引到曠野，受魔鬼試探四十天。在屬靈生命中，曠野是受試探、受考驗、給淨化的地方。亞當也有在「曠野」生活的時期。

政府政策規定，亞當十八歲前不能領取政府傷殘津貼，因此那所收容長期患病人士的醫院也不肯在亞當十八歲前收容他。當收到給亞當的第一張支票時，珍妮立即把支票拿到醫院，醫院接受了那張支票，並給亞當一個牀位。

亞當入院第一天，人們便介紹了亞當的房友給珍妮及雷克斯認識。他們包括：一個八十歲、需要長期卧牀、不能與別人溝通的中風病人；一個性情溫和、患有多發性硬化症(Multiple Sclerosis)的先生；以及一個因工業意外頸部折斷引致癱瘓的牙買加青年。那間病房頗大，還有兩扇大窗。亞當的牀靠近病房門口。

翌日下午，亞當的母親到醫院探望他時，發覺亞當穿著衣服坐著，手、腳和腰均被綁在輪椅上。她感到詫異、疑惑、憤怒、憂愁。她告訴那裏的職員，亞當是不會四處亂跑的，根本毋須綁著他。漸漸地，他們開始了解亞當和他的需要。

那所醫院人手不足，所以職員很少陪伴病人，也沒有帶病人到外面或提供任何活動來幫助他們舒展身心。職員按時照顧病人身體所需，並為他們送上三餐；但生活卻是孤寂沈悶、令人煩厭的。

不久，亞當的父母便要求負責餵亞當吃午餐及晚餐。當他們自己辦不到時，便請朋友代勞，有時朋友也會主動幫助他們。這樣，亞當便有人探訪，與他談話，還得到只有認識他的人才能給他的特別照顧。

在經歷曠野時期的五年裏，亞當對自己在醫院生活的感受或想法不發一言。他無法提出抗議，要求過比較好的生活；他甚至不能表達自己的孤單、痛苦或不滿。日復一日，夜復一夜，他都孤獨、安靜、耐心地等待一個家。

亞當每星期都回家度週末。雷克斯說：「他是那麼温柔，我們都很喜歡與他一起。」珍妮和雷克斯盡力讓亞當過比較舒適的生活，但他們最關心的是替亞當找一個可以成為他的家的地方。他們繼續尋找，到訪過位於安大略省的療養所、政府部門及慈善機構，為亞當找一個合適的居所。

一天，雷克斯發覺亞當因癲癇發作而再弄傷了下巴，前面的牙齒也被擠入牙齦內。誰也沒有留意到他出了事，因此他也不知道亞當到底等了多久，也未得到適當的治療，解除痛苦。當雷克斯要求醫院幫助時，他們說那裏沒有牙科醫生，所以要他自己帶亞當去看牙醫。這次亞當失去了兩隻門牙。

雷克斯和珍妮漸漸與亞當的房友彼得(Peter)熟絡起來。有時彼得看起來頗嚇人，因為他的頭髮又濃密又亂又烏黑；但事實上，他性情温和，很有耐性。某程度上，他成了亞當的代言人。當雷克斯和珍妮到訪時，彼得會告訴他們，亞當昨晚睡得不熟，他那天癲癇沒有發作過，或者有甚麼朋友曾來探望他。彼得有些來自多倫多牙買加社區的朋友，經常探望他，但他最喜歡的還是他母親來探望。她每個月都會從紐約乘巴士來探望彼得，以她的愛及牙買加食品給彼得一點「家」的感覺。彼得也喜歡雷克斯、珍妮、亞當及他們的朋友，與他們談話幫助他度過漫長而孤單的日子。

亞當在醫院的日子無疑是他的曠野時期。就像耶穌在約但時，神的靈蔭庇著祂，引領祂到曠野一樣，同一個聖靈也蔭庇在家裏的亞當，並引領他到這個淨化之地。這是個試探的時期。這試探對亞當來說，可能不如對那些發現他的恩賜而稱他為「我們的和平使者」的人那麼大。在替他找尋一個家的過程中，看到社會上的人怎樣看待他這類邊緣人時，他父母都很失望。在一個面積很大，但千篇一律、毫無特色、人手又不足的地方，誰會認出這個屬神的、可愛的人？在這樣一個地方，亞當及其他「病人」都被當作照顧對象多於活生生的人，誰又會看出亞當獨特的地方？當人們連替他洗澡及餵他吃東西的時間都沒有時，誰又會為他的生命感到快樂？壓力逼使人們忘記亞當的神聖來源及使命。

神差派亞當來，帶給世人好消息，這是他的使命，正如耶穌的使命一樣。亞當很簡單、很安靜、很獨特地存在著。他只是一個凡人，卻以自己的生命宣告我們的神的奇妙奧祕：我是神寶貴、愛護、完整無缺的兒女。亞當默默地見證這個奧祕。這與他能否說話、走路或表達自己無關；也與他能否賺錢、有沒有工作、是否時髦、是否著名、已婚或未婚無關。這只與他的存在有關，他過去及現在都是神所愛的兒子。這也是耶穌宣告的消息；也是所有貧窮人在軟弱中透過他們的軟弱宣告的消息。生命就是恩賜，我們每個人都是獨特的。創造我們的那一位按名字認識我們、愛我們。可惜，我們的世界卻發出一個聲音很大、很一致、很強烈的信息，使我們相信，我們必須以外表、財富及成就來證明自己可愛。我們全神貫注地想在今生「成就一些事」，卻很緩慢地才能領悟我們一生由始至終那釋放我們的真理。我們需要一次又一次聆聽神宣告這信息，也需要一次又一次看見這信息具體表現出來。只有這樣我們才能找到勇氣承擔這信息，並倚靠這信息過活。

耶穌在世時並沒有很大的成就；祂的生命以失敗告終。亞當也沒有很大的成就；他死時就像他出生時一樣貧乏。然而，耶穌和亞當都是神所愛的兒子——耶穌天生便有這身分，亞當則是神「收養」的。他們在我們中間生活，惟一的貢獻便是他們這兒子的身分。這就是委派給他們的使命，也是我和你的使命；相信並活出這使命就是真正的虔誠。

⊱⊰

這幾年在醫院的生活結束了亞當的隱藏時期。從很多方面看來，對那些專業教師、醫生、護士、牙醫、社會工作者、教士及政府職員來說，亞當都只是一個服務對象。他們接觸他，服務他，卻不能發現或接受他美麗的心靈、無比的忍耐及溫柔的心。

但雷克斯、珍妮及他們的朋友卻使亞當保持著他真實的個性。他們克服了誘惑，不再只看見亞當的弱能。他們接受了一個事實，就是亞當不能變石頭為麵包，不能從塔頂跳下來而不受傷，也不能賺很多錢。但他毋須做這些世俗的事，因為在心靈深處，他們知道他是蒙愛的。這神聖的知識使他們花了超過五年時間為亞當找一個家，一個可以讓他顯示自己的恩賜及履行自己獨特使命的地方。

由於亞當身體上及醫療上的特別需要，黎明之家未能接納他。但經過一段時間，亞當父母與黎明之家的人建立了友誼。這個團體已接納了邁克爾作為他們的核心成員，他們也明白雷克斯、珍妮和亞當的痛苦。漸漸地，大家都很清楚知道，亞當應該與哥哥在黎明之家一起生活，他們應該一切準備好來迎接他。

黎明之家花了很長的時間去準備。他們派了一名助理到法國的方舟團體學習照顧在身體及醫護上有很大需要的人。他們也裝修了「新屋」的部分地方，建了一個特別的浴室，在牆邊裝了欄杆，並加建了一些可供輪椅進出的通道。他們也在烈治文山這個較大的社區，為核心成員開辦了特別的日間活動。他們這些準備工夫足足花了超過一年時間。最後，一切終於就緒，他們可以迎接亞當到他的新家了。這使雷克斯和珍妮重燃希望！邁克爾更加高興，多年以來，他一直期望能與弟弟一起生活。對於黎明之家來說，接納邁克爾的弟弟，並將服務拓展至有更大需要的人，他們是懷著盼望，也有點害怕，但也十分興奮的。

一九八五年五月一日，雷克斯和珍妮將他們的次子送往黎明之家的「新屋」。邁克爾在旁幫忙，十分高興。珍妮在亞當的房間為他安排傢具及衣服時哭了起來，雷克斯則一邊與那些助理將亞當的物品從車上搬下來，一邊與他們說笑。亞當開始他的公開生活了。

亞當

第三章

亞當的公開生活

亞當

一九八六年八月，我第一次與亞當見面。我到了黎明之家後，他們讓我居住在「新屋」——那個團體的八個家的其中一個——地庫的一間睡房裏。在黎明之家這個大團體中，「新屋」及這裏的成員基本上成了我的歸宿。在這裏我可以瞭解一個方舟團體的家的日常生活。

除了亞當，我還認識了其他人。他們包括：羅伊(Roy)，七十五歲，他在一個大型的弱能人士中心住了五十年；約翰(John)，三十多歲，患有唐氏綜合症(Down's Syndrome)；露絲(Rosie)，年僅二十二歲，在療養院住了二十年；米高(Michael)，二十出頭，患有嚴重大腦麻痺(Cerebral Palsy)，與家人沒有來往。在黎明之家，這些弱能人士被稱為「核心成員」，因為他們是這裏的團體生活的中心人物，這裏的生活都是圍繞他們的。這個家的助理都是來自不同國家的年輕人，他們來這裏生活一年或更長的時間，在「新屋」與核心成員同住，為他們建立一個家。

方舟團體的人告訴我，我們的使命是與核心成員「一同生活」，所以我便開始了在「新屋」與所有成員在一起的新生活。我對體力勞動、煮食及家務完全外行。我在荷蘭及美國的大學教了二十年書，從沒有想過要有一個家，或與弱能人士那麼親近。在自己家裏及朋友中間，我是以不切實際著名的，我的朋友經常叫我做「失魂教授」。

但不管失魂與否，不久人們便問我：「亨利，你可以在早上幫助亞當起牀，準備迎接一天的生活，即是替他做每天例行的事嗎？」幫助亞當的意思是：每天早上七時叫醒他，替他脫去睡衣，穿上浴衣，扶他到浴室，替他刮鬍子、洗澡、挑選衣服、穿衣、梳頭，扶他到廚房，替他預備早餐，在他吃早餐時坐在他旁邊，在他喝飲料時扶著他的杯子，替他擦牙、穿外套及手套、戴帽子，扶他坐上輪椅，推他經過有很多坑洞的路到黎明之家，讓他參加那裏的日間活動至下午四時。

我給嚇呆了！我簡直不相信我有能力做這事。「如果他跌倒怎辦？我怎樣扶他走路？如果我弄傷他而他又不能告訴我怎辦？如果他癲癇發作怎辦？如果我將他洗澡的水調得太熱或太冷怎辦？如果我割傷他怎辦？我甚至不懂怎樣替他穿衣服！有那麼多事情可能出錯。而且我根本不認識這個人。我又不是護士，我沒有受過這方面的訓練！」我提出這許多反對理由的一小部分，但大部分只存在心裏。答案是清楚、肯定及富鼓勵性的：「你做得到。開始時我們會幫助你，給你很多時間，直至你習慣了，覺得自己可以獨自應付為止。即使到那時，如果你有任何問題，只管叫我們。你要花點時間適應，但你會做得到的。你會學懂這些例行的事，你也會開始認識亞當，他也會開始認識你。」

我懷著恐懼戰兢的心情開始這工作。我仍記得開始的日子。即使有其他助理幫忙，我仍很怕走入這個陌生人的房間叫醒他。他沈重的呼吸聲及不停的手部活動使我感到很不自然。我不認識他，也不知他對我有甚麼期望。我不想使他感到不適，不想在其他人面前出洋相。我不想被別人取笑，也不想引起尷尬。

起初，我不知怎樣不與亞當交談——就像與別人溝通時一樣——而仍然可以與他溝通，所以我集中精神做那些例行的事。在最初那些日子，我把他看成一個與我很不同的人。因為他不懂說話，我並不期望可以與他溝通。他呼吸時經常會突然停止一會，以致我懷疑他能否再呼吸。有時，他會揮動雙手，也會將自己的手指纏在一起，使我覺得有些事情在煩擾他，但我卻不知道究竟是甚麼事。我扶他走路時，要走在他後面，以身體及雙臂支持著他。我總擔心他會踏在我的腳上，跌倒並弄傷自己。我也知道他隨時都會癲癇大發作(grand mal seizure)：無論是在浴缸內、在洗手間、吃早餐時、休息時、行走時或別人替他刮鬍子時。

最初，我不斷問自己及別人：「為甚麼叫我做這工作？我為甚麼答應？我在這裏做甚麼？這個每天佔去我那麼多時間的陌生人究竟是誰？為甚麼要叫我這個最不能幹的人照顧亞當，而不是照顧別個沒有那麼多需要的人？」答案總是：「讓你認識亞當。」這使我很迷惑。亞當常常看著我，目光總是跟著我，但他從不說話，對我的提問，也從不會有回應。我做得好時，他不會笑；我犯錯時，他也不會抗議。我甚至懷疑，他是否認得我。我怎樣可以認識他？我問自己：「他在想甚麼？他有甚麼感受？他有甚麼感覺？他對我有甚麼印象？」

在最初的幾個星期，我不斷從浴室向外叫：「請幫幫忙。請來幫我忙。我不能扶他進浴缸。我找不到他的牙擦。我不知道這是他的工作服還是便服。我去拿他的鬚刨，請陪他一會兒，我不敢留他獨自在這裏。」他們總會來幫我：安妮卡(Anneika)、里賈納(Regina)、

D.J.、史蒂夫(Steve)或任何在附近的人。他們不斷對我說：「堅持下去吧，亨利。你開始認識他了。很快你便會成為老手！很快你便會開始喜歡他。」我太焦慮了，簡直無法想像「喜歡亞當」是甚麼意思。

雖然我努力嘗試，但仍然想不通。你們不是應該請受過最好訓練的人照顧最弱能的人嗎？你們不是應該派最好的人照顧最有需要的人嗎？但那些助理不斷告訴我，在這裏，我們不把自己看成為看護及病人，或職員及服務對象。我們有些人是助理，有些人是核心成員。每個人——是的，每一個人——其實都只是業餘的、非專業看護，可以說是一個「去愛的人」。

但開始時我沒有看到這點。有一段時間，我所有的注意力都集中在做正確的事，儘量少犯錯。最後我終於掌握了那些例行事務，也建立了自信；但我不知道亞當對我有沒有信心。

我通常要花兩小時才能完成早上的例行事務，就是將亞當從睡房帶到浴室，然後帶他到廚房，再在廚房扶他上輪椅，最後推他去參加日間活動。我帶了他去參加日間活動後，便大大舒一口氣，開始做自己的工作——那些我可以做得很好的事情：與別人談話、口述信件、輔導、打電話、帶領聚會、講道、主持禮儀。那才是我感到自然而且能夠勝任愉快的世界。

但我仍然要說，我受託照顧亞當，一開始便感到榮幸。我感謝「新屋」那些年輕助理不斷鼓勵我幫助亞當，並不斷讓我看到我是可以勝任的。我感謝他們沒有因為我太老、太笨拙、太外行而不給我機會嘗試。令我最感榮幸的是，他們將整個家——是的，更是整個團體——最軟弱、最弱能的人交託給我照顧。某程度上，我知道方舟團體就是這樣：將最軟弱、最脆弱的人置於中心，發掘他們獨特的恩賜。亞當比黎明之家任何人都軟弱和脆弱，而他們卻將亞當交託給我這個能力最低的人照顧⋯⋯而且不單單是照顧。

⊹

漸漸地，很緩慢地，事情開始起了變化。由於我變得更自信、更從容，我的頭腦及心靈開始真正與這個與我一起走人生旅途的人相遇。

當我與亞當一起「工作」時，我開始發覺自己正處於黎明之家的中心。方舟團體的創辦人范尼雲經常對我說：「方舟團體是圍繞身體而不是圍繞言語建立的。別人將他們的身體交託給我們，我們是多麼榮幸啊。」我的一生都是由言語、思想、書籍、百科全書所模造的，但現在我的優先次序正在轉變。對我來說，現在最重要的，是亞當及我與他單獨相處的時間。他將軟弱的自己完全交託給我，讓我替他脫衣、洗澡、穿衣、餵他吃東西、扶他走路。與亞當的身體接近，使我與他更親近，我漸漸認識他了。

我必須承認，有時我在替亞當做「例行事務」時，會感到不耐煩或心不在焉，想著接下來要做的事。我會忽略他，只顧趕快完成工作。自覺地、但更多時是不自覺地，我會急忙地推他的手穿過袖子或推他的腳穿過褲管。我想確保可以在九點前完成一切，讓我可以做其他事情。就在這些情況下，我發覺亞當是懂得與人溝通的！他令我知道我沒有真正與他一起，我關心自己的時間表多於關心他。有幾次當我這樣催促他時，他的反應是癲癇大發作。我發覺這是他表達：「慢一點，亨利，慢一點」的方式。這樣真的能使我慢下來！癲癇發作使他筋疲力盡，以致我必須停止一切活動，讓他好好休息。有時候如果他發作得特別厲害，我會扶他回到牀上，給他蓋上很多毯子，以免他劇烈顫抖。亞當在與我溝通，他一直在提醒我，他希望並需要我不慌不忙地、體貼地與他一起。他很清楚地在問我，是否願意依照他的節奏行事，改變我的方式來適應他。我發覺我開始明白一種新語言——亞當的語言。

我開始與亞當說話。我不知道他聽到或明白甚麼，但我希望讓他知道我對他、對我自己及對我們的感受及想法。即使他不能以言語回應我，我也不在乎。我們在一起，友誼漸漸滋長，我也喜歡與他一起。很快，亞當便成了我很信任的聆聽者。我與他談天氣，談未來一天的生活，談他那天的事及我的工作，談我最喜歡他哪一件衣服，談我會給他甚麼穀類早餐，談有關那天將會跟他一起的人。後來，我發覺我把自己的祕密也告訴他。我告訴他我的心情、我的挫折、我與別人的良好及惡劣關係、我的祈禱生活。這一切最令人吃驚的是，我慢慢發現，亞當真的與我在一起，他全心全意地聽我說話，給我營造一個安全的空間。這是我意料之外的；雖然我表達得不好，但實際上這真的發生了。

日子週復週、月復月地過去，我更喜歡每天與亞當一起的一兩小時。那段時間成了我的安靜時刻，我一天裏最深思、最個人的時刻。事實上，這段時間有如一個很長的祈禱。亞當不斷以一個安靜的形式「告訴」我：「只要與我一起，並相信這就是你應該棲身的地方……沒有別的地方。」有時候，當我在辦公室工作或與人交談時，我會突然想起亞當。我把他想像成在我生命裏一個平靜、和平的中心。有時候，當我因某些事情並不如期望般的進行得那麼好或那麼快，而感到焦慮、煩燥或失望時，我會想起亞當，他彷彿把我喚回風暴中平靜的風眼。我們的位置開始改變，亞當成了我的老師，牽著我的手，帶領我從自己的混亂狀態走過我生命的曠野。

還有，每天與亞當一起的時間使我和他建立了聯繫；這聯繫比我原先發覺的更深。亞當不單幫助我植根於黎明之家，更使我植根於自己。我與他及他的身體那麼接近，使我也更接近自己及自己的身體。亞當好像不斷將我拉回地上，拉回存在的基礎，拉回生命的源頭。我說過及寫過的許多話經常引誘我發展崇高的意念及觀點，而忽略了日常生活的平凡及美善。亞當不容許我這樣。他好像對我說：「亨利，你不單像我一樣有一個身體，你就是你的身體。不要讓你的言語與你的身體分離。你的言語必須變得有血有肉，並保持有血有肉。」亞當與我溝通，還成為我生命的中心。我開始與亞當建立真正的關係，而且開始喜愛他。

對我來說，亞當不再是陌生人。他成了我的朋友及可靠的伴侶，他的同在令我明白我本該早就知道的道理：我從他身上找到我一生中最渴望得到的東西——愛、友誼、羣體及深度的歸屬感。在我們一起的時間，他溫柔地與我溝通，教導我更深入地認識愛。我確信，亞當在心靈深處「知道」自己是蒙愛的。在心靈深處，他知道這事。亞當不能思想愛，不能想到心靈是我們存在的中心，是我們人類付出及接受愛的核心。他不能告訴我他的心、我的心或神的心怎樣運行；他不能以言語向我解釋任何事。但他的心在那裏，活生生地、充滿他可以付出也可以接受的愛。亞當的心使他充滿生氣。

當我更接近亞當時，我開始經驗到他那顆最美的心是通向他的真我、他這個人、他的魂及他的靈的大門。他那顆那麼透明的心，不單向我反映他這個人，也反映宇宙的心及神的心。我經過多年學習、研究及教授神學後，亞當進入我的生命，以他的生命及他的心靈向我宣告及總結我所學過的一切。

我一直相信神的道成為肉身。我講道時也說過神在人中顯明，因此，所有人的事物也能顯明神。亞當與其他人一同來敬拜及聽我講道。他坐在我面前。透過他，我「看見」神聖的意義。我相信，亞當擁有一顆心，讓神的道親切詳和地棲居其中。我與亞當一起時，他引領我進入那親密的居所，在那裏他及我的人性的最深意義慢慢展現。

亞當的人性沒有因為他弱能而被削弱。他的人性是完整的人性，讓我及其他認識他的人看見完全的愛。是的，我開始以一種超越大部分感覺、情緒及激情的愛去愛護亞當，過去我曾以這些感覺、情緒及激情愛護其他人。亞當不能說：「我愛你。」他不能自發地擁抱我或以言語表達謝意。然而我敢說，我們都愛著對方，我們的愛像任何其他的愛一樣有血有肉，而同時又那麼屬靈。我們是朋友、兄弟，在心裏連結在一起。亞當的愛是純潔而真實的。這愛與我們在耶穌身上看到的不可思議的愛一樣，而耶穌的愛醫治了每一個接觸過祂的人。

當我參加方舟團體的聚會或退修會時，經常有人問我們這個問題：「在你的家裏，誰讓你看到弱能的人可以付出的和他們接受的一樣多？誰使你植根於你的團體？誰激勵你獻身與弱能人士一同生活？誰邀請你投入一種外人看來那樣沒趣的邊緣生活？」我的答案總是：「亞當。」亞當需要完全依賴我們，因此他將我投向最不可或缺、最根本之處。團體是甚麼？關心是甚麼？愛是甚麼？生命是甚麼？我是誰？我們是誰？神是誰？對我來說，亞當是那麼充滿生氣，他在這一切問題上都能給我亮光。我不能邏輯地解釋這經驗，這經驗是兩個完全不同的人在靈裏連結，並發現對方在神心目中是完全平等的。他真正需要的照顧，我可以從心底裏給他，而他從他心底裏把自己當作一份純真而恒久的禮物送給我。

我是怎樣發覺這一切發生在我身上的事呢？

我到了黎明之家幾個月後的一天，我一位從事牧職的朋友來探我。他有多年教授教牧神學的經驗，跟隨他的學生無數。他來探望我時，我已完全忘記了最初對亞當的狹隘看法，也不再像當初那樣看他。我不再把他當作陌生人或弱能的人。我們一起生活。對我來說，與亞當及其他在家裏的人一起生活是非常「正常」的。有機會照顧亞當使我感到很榮幸，因此我很渴望把他介紹給我的客人。

當我的朋友來到「新屋」，見到我與亞當一起時，他看著我問道：「亨利，你就在這裏生活嗎？」我看出他不單感到不快，甚至有點憤怒。「你離開你可以啟發那麼多人的大學，就是為了將你的時間及精力花在亞當身上嗎？你根本沒有受過這方面的訓練！為甚麼你不讓那些受過訓練的人來做這工作？你肯定可以更好地利用你的時間。」

我感到震驚。我的頭腦在急速翻騰。雖然我沒有說出口，但心裏在想：「你在告訴我，我正浪費時間在亞當身上嗎？你是一位富經驗的牧者和教牧導師啊！難道你看不出亞當是我的朋友、導師、屬靈指導、輔導員及牧者嗎？」我很快便發覺他不像我那樣看亞當。我朋友說的話對他來說是對的，因為他沒有真正「看見」亞當，也肯定不打算認識他。

對於亞當和跟我在我們家一起生活的人，我的朋友有很多疑問。「這個世界有那麼有能力的人都不容易生存，為甚麼仍花那麼多時間及金錢在這些嚴重弱能的人身上？」「為甚麼不花時間及心血去解決人類面對的真實問題，反而花那麼多時間及心血在這些人身上？」

我沒有回答我朋友的問題，也沒有與他辯論或討論他的「議題」，因為我深信我不能說甚麼明智的話去改變我朋友的想法。每天與亞當相處的兩個小時在改變我。與他一起，我心裏聽到一把愛的聲音，而這聲音遠遠超過所有關心的行動。那兩個小時完全是恩典，是一段給我默觀的時間，讓我們一同觸及一點有關神的東西。與亞當一起，我感到神與我同在，而且「見到」神的臉。

多年以來，我一直只以「道成肉身」這個詞來形容神在耶穌裏來到世上這歷史事件。與亞當那麼親近，我漸漸發覺「基督事件」遠遠不只是發生在很久以前的事，而是發生在每一次靈與靈在肉身相遇時。那是現在的神聖事件，是神在人類中間成就的事情─這就是神聖生命的內容。每當人們「奉神的名」相遇時，神就不住的道成肉身。我與亞當的關係讓我用全新的眼光去觀看，全新的耳朵去聆聽。我的改變比我預料的更大。

我只是眾多花時間和精神在亞當身上的人之中的一個。除了睡覺的八小時，亞當從不會孤單。早上九時至下午四時，他參加日間活動，期間總有很多男男女女與他一起散步、一起游泳、一起做運動、替他按摩、幫助他吃午餐、定時替他更衣。在這些時候，人們與他談話，與他一起歡笑、一起聽音樂，讓他感到安全及舒適。下午四時，他返回「新屋」後，可以坐在靠椅上假寐，休息數小時，然後吃晚飯。這是亞當可以表現一點獨立能力的時候。他可以自己拿調羹和杯子，開懷大嚼，使客人吃驚。晚飯後是祈禱及唱詩的時間。人們握著他的手，或者搭著他的肩頭。亞當的哥哥邁克爾經常來探望他。像我一樣，他喜歡坐在亞當身旁，有時候與他談話，有時候只與他靜靜地坐在一起已感心滿意足。珍妮和雷克斯喜歡在週末及假期接亞當回家，平日也經常探望他，與他散步，和他一起在起居室或他的睡房坐著，靜靜地對他輕訴愛語。每個人都與亞當建立了交情；每個人都從他那裏接受了平安、與他同在、安全及愛等禮物。

亞當能不能夠祈禱？他知不知道神是誰？他知不知道耶穌的名字有甚麼意思？他明不明白神在我們中間的奧祕？有一段很長的時間，我一直在想這些問題。有一段很長的時間，我很想知道，我所知道的事情，有多少是亞當知道的；我所明白的事情，有多少是亞當能夠明白的。但現在我發現，這些問題是從「下面」來的。這些問題反映我的焦慮及疑惑多於反映神的愛。神的問題——從「上面」來的——是：「你能讓亞當帶領你祈禱嗎？你相信我與亞當深深地連結，而他的生命就是一個祈禱嗎？你能讓亞當在你的日常生活中成為活的禱告嗎？你能在亞當的臉上看到我的臉嗎？」

當我這個所謂「正常」人不斷在想亞當有多像我時，他卻毋須或無能力作任何比較。他只是活著，並以自己的生命邀請我接受他獨特的禮物。這份禮物以軟弱包裝，卻可以改變我。當我開始擔心我做的事及我可以做甚麼時，亞當卻向我宣布：「**存在比行動更重要。**」當我全神貫注於別人怎樣談論或書寫對我的評價時，亞當卻靜靜告訴我：「**神的愛比人的稱讚更重要。**」當我在關心自己的成就時，亞當卻提醒我：「**一起做事比單獨做事更重要。**」亞當不能成就甚麼，沒有甚麼名譽可以引以自豪，不能自誇得過甚麼獎品或獎杯；但他以自己的生命，最徹底地見證了我們生命的真理。這是我從未遇過的。

我要花很長的時間才明白這個完全逆轉的價值。但當我一經歷到這點時，就彷似進入了一個全新的屬靈領域。我更明白耶穌所說的是甚麼意思：「但你們的眼睛是有福的，因為看見了；你們的耳朵也是有福的，因為聽見了。我實在告訴你們：從前有許多先知和義人要看你們所看的，卻沒有看見；要聽你們所聽的，卻沒有聽見。」(太十三 16、17) 對我來說，福音的大悖論——在後的將要在前，喪失生命的將要得著生命，貧窮的人有福了，溫柔的人將承受天國——都體現在亞當身上。

這說法沒有誇張或故作虔誠。亞當在黎明之家生活的十一年中，不少人幫助過他，他們都可以述說照顧亞當所得的恩典。亞當來「新屋」時是二十二歲。他體型可不瘦小，要扶著他在他後面走並不容易，那些為了保持他的身體健康而要幫助他做的活動，更是複雜而使人疲累的。這些年以來，黎明之家不少人都學懂怎樣替亞當做那些「例行事務」，所以當家裏其他人都沒有空時，他們都可以幫忙。亞當的同屋露絲、米高、約翰及羅伊都很需要人照顧。露絲和亞當同時來到「新屋」，她的弱能程度並不比亞當低。米高不單是弱智，而且患有大腦麻痺，每個活動都需要協助。患有唐氏綜合症的約翰可以自由活動，但仍需要很多精神支持及關注。八十歲的羅伊是那裏年紀最大的成員，不斷需要精神及物質支持。「新屋」有五個核心成員及五、六個助理，是一個很繁忙的地方，很多在那裏生活及工作的助理並不經常像我在上文提過那樣看待亞當。但使他們不把自己看作清潔工人、廚子、換尿布的人及洗碗工人的是，他們經驗到亞當、露絲、米高、約翰和羅伊這幾個交託他們照顧的人可以施予他們的，就像從他們那裏接受的那樣多。他們很多人都觸及自己生命的奧祕，經驗到自己內裏的更新，主要的原因是他們從他們照顧的這些人那裏接受了屬靈的禮物。

談及亞當的「恩賜」並非要將一個吃力不討好的生命理想化；亞當的恩賜是每天生活的現實。星期一早上，當珍、D.J.及其他助理聚在一起，討論過去一個星期及未來一個星期的事情時，提出的主要問題總是：「這個星期你遇到甚麼困難？」及「你送出了甚麼禮物？

又收到甚麼禮物？」在膳食安排、清潔、看醫生、購物、維修及無數其他工作中，亞當、羅伊、米高、露絲和約翰的恩賜一直是最重要的。每個方舟團體的助理都知道，如果他們沒有從露絲和約翰等人那裏得到豐富的屬靈恩典，他們絕對不能一直忠於他們的事奉。他們發現真正的關懷是互相關懷。如果他們的報酬只是微薄的薪金，很快他們對核心成員的服侍只會是對人的保養。不單他們會感到沈悶、筋疲力盡、非常氣餒，而且亞當及其他核心成員也不能付出他們的禮物，完成他們的使命，發揮他們的潛能。

亞當及其他核心成員在宣告好消息。亞當不斷提醒我們，照顧別人的動人之處不單在於施予，也在於從他那裏接受禮物。他讓我明白，我可以給他的最大禮物是以我張開的手及敞開的心來接受他那份珍貴的和平禮物。這樣我和他都變得更充實。我可以讓他發現他可以送禮物給我；而當我願意接受時，他真正的禮物便成為一份禮物。亞當自由地將他的禮物送給每一個他遇見的人，很多人接受了他的禮物並因此而變得更充實。他不斷「告訴」我們，照顧別人既是付出又是接受，既是致謝又是要求感謝，既是讓他肯定自己有能力付出，又是尋求自我肯定。照顧亞當就是容許亞當在我們照顧他的同時，讓他照顧我們。只有這樣，亞當及他的助理才可以一同成長，並結果纍纍。

只有這樣，照顧亞當對我們來說才不是負擔，而是榮幸，因為亞當對我們的照顧讓我們在生活中結出果子。

在這個互相照顧的環境中，亞當可以過公開的生活，超過黎明之家的範圍；有時還發生了真正的「奇蹟」。我在「新屋」生活時及其後的日子，我見到人們有明顯的改變，這些改變都是直接與亞當接觸所引致的。

我的朋友默里(Murray)到黎明之家探我。他的妻子叫佩吉(Peggy)，他們有九名兒女。默里是在紐約做生意的。他從朋友那裏聽到關於我的事，也看過幾本我寫的書。當他知道我打算離開大學，與一羣弱智人士一起生活時，感到頗震驚。他想盡己所能讓我繼續寫作。作為一個與財經界關係密切的人，又有很多財經界的朋友，他向我提出一個建議：集合一羣人，每年給我一筆錢，讓我可以繼續寫作，即使我當弱智人士的牧者只有微薄的收入。

他經常說：「亨利，你對金錢一無所知；你是一個作家。讓我替你解決金錢的問題，使你可以用你的作品幫助我們。」默里是一個很虔誠的人，他很擔心自己的兒女會太專注於賺錢及追求事業成就，忽略了他們的屬靈遺產。他對我說：「你要使我的孩子親近神。」

我在紐約體育會認識默里。不久，他與佩吉便邀請我到他們在愛爾蘭的避暑別墅。我慢慢便認識了他們在新澤西州皮柏(Peapack)的家的大部分成員。我永不會忘記與他家裏至少十二人一同吃晚餐，默里坐在一端，我坐在另一端。飯前謝恩後，默里說：「亨利，跟我的孩子談談，使他們願意重返教會吧。」這些「孩子」都已經二、三十歲，口才好，又受過良好教育，很能明白他們父親的好意，卻不怕讓我及他們父親知道他們對教會要不是毫無期望，也是期望不高。接著是一場激烈但充滿愛意的辯論；這場在餐桌前進行的辯論，宗教成分比默里預期的還要多。

我與默里一家建立了深厚的友誼。有一天，我說：「默里，是時候你來黎明之家探我了。來跟我住幾天吧。」默里有點猶豫。他認為他的任務是令我繼續寫作，而不是介入我與弱能人士的生活。事實上，他懷疑我是否浪費時間在這些「可憐人」身上。經過我再三游說，他終於答應來探望我。當我告訴他我想他到「新屋」與我同住，我們已為他預備了在地庫的客房時，他似乎很迷惑。他說：「我想我住在酒店會比較好。」但我堅持說：「不行，不行。你會喜歡跟我們一起的。你還可以認識亞當呢。」

默里來見我並非為了認識亞當，但他終於勉強地接納我的提議。我們在「新屋」享用了一頓愉快而嘈吵的晚餐。默里很投入，但很少說話。默里跟我四處走了數天，認識了一些人，探訪了其他家，並「觀察」了我與亞當的關係。出乎我意料之外，默里在我們的家感到很自在。他沒有說很多話，只是靜靜的與我們一起。

有一天吃早餐時，默里和我靜靜地坐在亞當身旁。默里留意著亞當每一個動作，也看著我幫亞當拿調羹送食物入口及拿著盛橙汁的玻璃杯。突然有人打電話找我，我要到辦公室接聽。我急忙告訴亞當我有點事，要離開一會，不過他會得到很好的照顧。然後我對默里說：「我要離開一會，你可以幫亞當吃完早餐，讓其他助理帶他去工作嗎？」默里說：「好的。」但我不知道那時他是多麼焦慮。

後來，默里告訴我，在其後與亞當一起的三十分鐘，他漸漸發覺亞當不是一個與他完全不同的弱能人士，而是一個美麗的人，與他一樣有很多脆弱之處。雖然默里是個非常成功的商人，但他也有自己的掙扎、恐懼、失敗的經驗及無能感。對默里來說，坐在亞當身旁幫助他吃早餐是一份恩典。他發覺他和亞當是兄弟，他們之間的距離消失了，深深的同情心自默里心中浮現。他與亞當連結在一起，亞當吸引他靠近，並給他光明。對默里來說，接著那天是全新的一天。後來他告訴我，他有一種新的感覺，覺得自己得到接納，得到愛及受人欣賞——不單亞當讓他有這感覺，所有「新屋」的人都讓他有這感覺。

默里黎明之家之行在他生命中結出很多果子，讓他更能接受自己的破碎及失敗，在家人及朋友面前的防禦性也減低了。我和他的友誼變得更深厚。從那時開始，每當默里提起亞當時都懷著深深的愛意。他每次打電話給我都問：「亞當好嗎？」

到多倫多探望我四年以後，默里突然死於心臟病。他的死對佩吉、他的兒女、家人、朋友和我都是一個很痛苦的損失。當我在他的追思彌撒中發言時，我記起亞當在默里的生命中扮演了很重要的角色，幫助他勇敢地面對自己的脆弱，讓他更好地為他生命最後的階段——迎見神——做好準備。

默里的故事並非個別例子。無數來「新屋」生活一星期、一天、甚至只是幾小時的人都受到亞當美好而安靜的同在深深影響。有些人告訴我，他們回家後經常想起亞當，向朋友提及亞當。他們與亞當的相遇使他們心靈更新，因為他給他們機會及環境，讓他們以新的角度思考自己的生命、目標及抱負。亞當與他遇見的人同在，給他們一個安全的空間，讓他們看見及接受自己的無能；這往往是他們本來看不見的。他從心中散發出平安，在別人遇到困難或要作重要決定時，給予他們支持。不是每個遇見亞當的人都有相同的經驗；有人經驗到平安，另一些人經驗到自我分析，還有一些人重新發現自己的心靈，其他人卻甚麼也經驗不到。

亞當的服侍是獨特的。他似乎沒有察覺到發生在他身邊及透過他發生的事，因為他不懂得甚麼是照顧、服侍、醫治或服務。他好像沒有概念、計劃、打算或抱負。他只是存在著，和平地完全倒空自己，將自己獻上。他的服侍就這樣結出纍纍純潔的果子。我可以見證，那句形容耶穌的話也可以用來形容亞當：「凡摸著的人，就都好了。」(可六56)

亞當是一個真正的老師及真正的治療者。他的醫治大部分都是內心的醫治。他向那些甚至連自己也覺察不到自己傷痕的人宣布平安、勇氣、喜樂及自由。亞當以他的眼睛及他的同在對我們說：「不要怕。你不用逃避你的痛苦。看著我，靠近我，你會發現你是神所愛的孩子，就像我一樣。」

因此，我說黎明之家是亞當進行公開服侍的地方並沒有誇大。我堅信亞當，像耶穌一樣，被差遣到這世界，為要完成他獨特的使命。在他與家人在家裏生活的日子，他與家人親密無間地在愛中一起生活，精神境界不斷提高，並且轉化他父母。那是準備的階段。在黎明之家，他的恩賜、教導及他的醫治對那些來與他同住、來作探訪或到團體其他的家生活的人產生了很大的影響。

第四章

亞當的道路

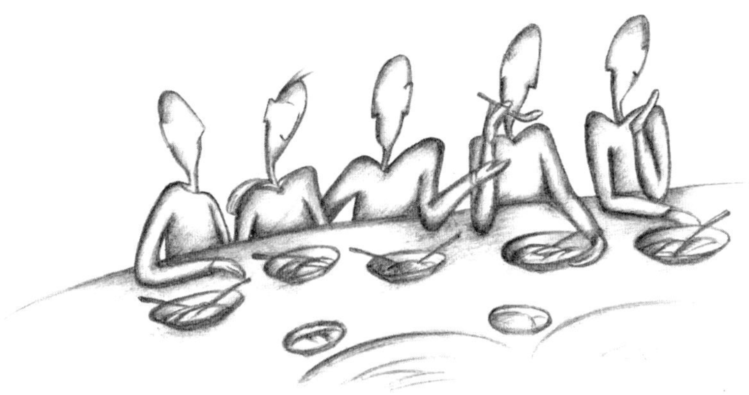

當生活在「新屋」的十一年中，有很多人來這裏當助理，也有很多人離開。他們來自加拿大、美國、澳洲、德國、巴西、波蘭、烏克蘭及世界各地。他們當中很多都是來逗留一、兩年，尋找生命的新方向，或離家體驗一種「不同的」新經驗。小部分人在方舟團體找到他們的終身事業，但大部分最終成了律師、社工、治療師、護士或商人。

還有無數的人來探訪。「新屋」雖是黎明之家一間相當忙碌的屋子，但也相當好客。我們經常發出邀請：「來吃晚飯吧！」很多黎明之家其他屋子的成員，或從老遠的城市或國家來的人，都會和這屋子的成員一同進餐，體驗這個獨特家庭的痛苦和喜悅。這裏的飯桌經常都放著鮮花和洋燭，食物都是精心預備的，顧及各成員飲食上的不同需要。晚飯時，我們通常都談笑甚歡，飯後並一起祈禱、唱歌、聽音樂。一起進餐的人數很少會少於十二個，多數時間人數會更多。

在「新屋」期間，亞當遇見數以百計的人。很多新來的人初次接觸核心成員時，都感到不自然，甚至害怕，因為他們明顯與這些新朋友不同。但在晚餐桌旁度過一小時已足以除去他們大部分緊張情緒。大部分來過「新屋」的人都會記得，亞當是這個家安靜的中心。不知怎的，亞當在他們心靈及腦海留下深刻的印象。他們後來常常來信說：「替我問候亞當。」「替我吻他及擁抱他。」「告訴他我掛念著他及你們所有人。」

亞當的「奇迹」大部分都圍繞著「新屋」的晚餐桌發生。明顯地，他甚麼都沒有做。他只是在那裏；但他的「在那裏」卻深深觸及人們的心靈。他並沒有突然治好別人，也沒有立即改變人心，但人們卻發現他、我們、甚至全世界都有了新的意義、新的重要性及新的目的。

亞當的一些奇迹是那麼個人化，而且在心靈深處發生，以致不能用言語表達。有些奇迹在有關人士來訪後很多個月或很多年才發生；有些奇迹要求那人徹底改變。我仍記得有一位女士來探訪「新屋」時，走到亞當面前說：「真可憐，真可憐。為甚麼你會遇見這種事？讓我為你祈禱，求我們親愛的主醫治你吧。」她示意那些助理圍著亞當一同祈禱，但其中一位助理輕輕拍她的肩頭說：「亞當不需要醫治；他很好。你來和我們吃晚餐他很高興。來餐桌這邊一起吃飯吧。」我不知道這位女士是否準備好讓亞當觸動她，是否準備好看亞當破碎中的完全及聖潔，但她卻明白到「新屋」的人都很滿意亞當的情況。

毫無疑問，亞當存在及生活的「道路」對接觸他的人有很深的影響，尤其是我。我想起三個故事，是關於布魯諾神父(Father Bruno)、我的朋友卡西(Cathy)及我自己的。

⊱⊰

我當了黎明之家的全職牧者，並搬進那間名叫「拂曉之家」的小小退修場所及教堂約一年後，一位中年修士來過一段安息時間。布魯諾神父剛卸下加州大瑟爾(Big Sur)的嘉瑪道理(隱修)會(Camaldolese；譯註)院長一職。他已擔任了這職位十八年，需要離開這個團體一段時間。他個子高瘦、蓄有短鬍子、眼神溫柔、性情平和、談吐温文、寡言及有點害羞，是一位真正的修士。他為甚麼來到這裏呢？他聽過黎明之家，心想這裏可能是個合適的地方，讓他度過由擁有權力的院長再次成為普通修士的過渡時期。他希望可以與弱能人士一起生活。他與我們一起的三個月都住在「新屋」。他來了不久，我便發覺他經常推著坐在輪椅上的亞當在小路或大路上走。因為他是一位長期客人，不是一般助理，所以有很多空閒時間，他打算用大部分空閒時間陪伴亞當。他倆似乎很享受相伴一起的時刻。

看著他倆在一起，我想：「亞當有這個安靜、平和的修士作伴實在太好了！亞當的生命和他的生命不是很相似嗎？和平與和平交談；獨處與獨處打招呼；靜默與靜默同居。這是多麼大的恩典啊！」

一天，布魯諾到我的房間探望我。我問他：「你和亞當相處得怎樣？」他滿懷驚歎及喜悅看著我說：「亞當真的是神給我的禮物。他在教導我怎樣做個更好的修士。」我說：「我明白你的意思，但請你解釋一下好嗎？」

布魯諾不善辭令，他對事物有很深的體會，但寧願只將它們藏在心裏。不過，他也想解釋他與亞當一起的經驗。他說：「多年以來，我都嘗試過屬靈的生活，也嘗試幫助別人過這樣的生活。我一直都知道要為神倒空自己，放開那些阻礙我的思想、感情、感覺及激情，享受我一直渴望、與神深深的契合。當我遇見亞當時，我發覺我遇見一個神揀選的人，他能引領我們進入那深深的契合。與亞當長時間在一起，我發覺自己已進入更深刻的獨處中。我在亞當心裏觸摸到完滿的神聖之愛。」

我不免想到亞當以及他的真理和生命，怎樣帶給布魯諾特殊的屬靈體驗。作為修道院院長，一個修士的屬靈父親，他在亞當身上找到一個嚮導、一個屬靈導師。

⊹

隨著日子過去，我漸漸覺得，亞當可能能夠幫助一些我沒有能力幫助的人。愈來愈多人來黎明之家退修，接受屬靈引導，或只是想在繁忙的生活中找些空間獨處及安靜一下。有些人帶著很實際的掙扎來到這裏，希望有人可以給他們一點洞見、一點安慰或一點醫治。幾位黎明之家的成員嘗試回應這許多訪客的需要。使我們愈來愈驚訝的是，讓訪客在這個充滿愛的羣體中安靜地生活幾天，給予良好的屬靈引導，竟然可以幫助他們。

不過，有時我們懷疑人們是否期望過高。正是在這情況下，有一次，亞當幫我們解決了一個問題。這個故事是和卡西有關的。

一天，一部裝有深色玻璃的黑色豪華轎車駛入黎明之家。看見那車子的幾個人都感到納悶。為甚麼一個以這樣的車子代步的人會來到黎明之家？

豪華轎車停在「拂曉之家」門前，一個瘦小的女人從車子走下來。她說：「我是卡西，從紐約來的。我有點困難需要人幫助。」我和「拂曉之家」的主持人休·莫斯特勒修女讓她進屋，然後問她：「我們可以怎樣幫助你？」

她說：「唔，坦白說，我情緒非常低落，我已看了精神科醫生很多年，卻一點用處都沒有；相反，情況還愈來愈糟。我的兄弟聽聞過黎明之家這個地方，他對我說：『你為甚麼不去那裏走一趟？或許那些人對你會有幫助。』所以我便來了。」她至少也有七十歲了，但樣子仍很可愛，雙目炯炯有神，而且衣著非常講究，看起也頗泰然自若。她為甚麼會情緒低落呢？

休對她說：「你可以講得詳細一點嗎？有沒有甚麼事情使你情緒那樣低落呢？」卡西說：「噢，有的。可能你們會覺得有點奇怪。每次我打開《紐約時報》(*New York Times*)的社交活動版，讀到應美國總統及總統夫人邀請到白宮共進午餐的名單時，便會情緒低落，因為我的名字不在名單上！」我和休面面相覷。我們從未遇過這樣的事！

卡西繼續說：「我經常拿自己和別人比較。我年紀愈大，便發覺忘記我的人愈來愈多。當我見到有些人的財富或關係還不及我一半，卻比我更受歡迎時，我的情緒便變得非常非常低落了。」

接著，卡西開始告訴我們她的一生：她那惹人羨慕的婚姻、她的兒女、她的離婚、她的第二段婚姻、她繁忙的社交生活、她與教會的關係、她的慈善事業、她的名譽。她直接、坦率地告訴我們這一切，而且語帶幽默。她說：「人們都想我給他們錢。每當我遺失了甚麼東西，我都會向聖安東尼(St. Anthony)許願：如果我可以失而復得，我便捐一千元給教會。現在，每當我參加彌撒，神父都會問我：『卡西，你這個星期有沒有遺失甚麼東西？』」

一幅非常不尋常而悲慘的圖畫開始浮現。在我們面前有一個女人，擁有一切人們夢寐以求的東西——金錢、名譽、關係、權力，而她卻懷疑究竟有沒有人真正愛她。她富有卻貧窮；有名氣卻自我懷疑；偉大卻很渺小。

休說：「卡西，你是否相信，單單因為你是卡西，你便是一個好人嗎？」卡西眼裏流出淚來。她說：「我不知道。我甚至不知道，如果沒有這一切，我究竟會是誰。我不知道，如果人們單單因為我是卡西便愛我究竟是甚麼意思。他們會這樣愛我嗎？我很懷疑！」

突然間，我明白卡西為甚麼會情緒低落。她在問我們所有人都問的問題：如果我們沒有所有物質的裝飾，人們看到我們的本來面目時，他們還會愛我們嗎？如果我們對他們再沒有利用價值，他們會否立刻把我們忘記？這是有關身分的核心問題：我們好，是因為我們所做的事或所擁有的東西，還是因為我們就是我們自己？我是重要的人，是因為世界將我變成重要的人，還是因為在我還未屬於世界之前，我早已屬於神了？在卡西漫長的人生中，發生了那麼多事情，使她不再是原本那個獨特、單純、可愛的卡西。

我和休跟卡西愈談得多，愈發覺我們不能說服她愛自己。事實上，某程度上我們也陷在她談及的困境中。她的財富及名譽也給我們深刻的印象。她能否從我們身上接受她屬靈的真我？她會很容易便將我們看成像其他人一樣——準備利用她。當我發覺要把卡西從她的「社交囚牢」釋放出來是多麼困難時，我想起亞當。他可能是惟一永遠不會以任何方式利用卡西的人。他不會要她的錢，也不會要甚麼名譽，亦不用任何人對他留下深刻的印象。

我說：「卡西，請你今晚來『新屋』與亞當及他的同屋一起吃飯。」她感到有點意外。她來尋求屬靈幫助，為甚麼要她與弱能人士一同吃飯？我從她的眼神中看出她的困惑。但是她仍禮貌地說：「可以到你們那裏見一見那些可憐人，好極了。」在最後的一刻，我決定不陪她去。我打算讓她成為那裏惟一的客人。

晚上九時，我正在等候卡西吃完晚飯回來，有點擔心自己有沒有做錯。但當她走進客廳時，顯得輕鬆愉快。她說：「亨利，太好了。我覺得他們很接納我，甚至關心我、歡迎我。我想，他們真的喜歡我。坦白說，你邀請我到那裏時我很害怕，但我在那裏過得很愉快。每個人都那麼和藹及友善。我還與亞當溝通呢——可能因為我坐在他旁邊，可以幫他一點小忙吧。他真是一個可愛的人。真的，整個晚上都美妙無比。」

我實在很難相信我從她的表情及眼神看到的改變。這就是那個情緒低落的訪客嗎？我發覺她手裏拿著一塊巧克力。我說：「呵呵！你贏得約翰的糖果。」

「是啊！飯後，約翰站起來，說了一番我完全不明白的話。然後他叫我們每個人說出一個數字及自己衣服的顏色。我們按著做。他看一看自己手中的記事簿，然後宣布我得了獎。他走到我面前，送給我那塊巧克力，還給了我一個吻。真難以置信。但我感到自己很受歡迎，而他們其實還未認識我！」

這是多麼大的恩賜，多麼大的奧祕啊！一個十分富有的人，卻為了得到一塊巧克力而滿懷感激。亞當、約翰、露絲、羅伊和米高提醒卡西，她其實是個很可愛的人。

卡西回到紐約後打電話給我說：「我丈夫覺察到我在黎明之家遇到很重要的事，他想知道我在那裏時跟你們做了甚麼事情。我告訴他那天晚上在『新屋』吃晚餐的情形，還有關於亞當、約翰及塊條巧克力的事。我再沒有那種可怕的情緒低落了。我心裏重新認識神及神對我的愛。」

接著幾年，我經常跟卡西通電話，還探望了她兩次。她不斷肯定地對我說：「黎明之家之行對我有很深遠的影響，我不再像從前那樣情緒低落了，因為我更能接納自己。」我知道這是真心話。她身體有很多毛病，受了很多苦，但她不再感到情緒低落了。

卡西在探訪黎明之家後八年去世。她的家人邀請我主持她的喪禮。我反對說：「為甚麼找我？她認識那麼多神父。」但他們說：「不，我們請你主持她的喪禮是因為她一直都很感激你及黎明之家的人。」我接受了這邀請。我告訴參加喪禮的眾多親友，神不單以卡西所有的祝福她，也以她的貧乏祝福她，因為她願意從亞當那裏接受禮物，使她得到醫治，也願意從約翰手中接受一塊巧克力。我不知道他們能否明白我所說的，但我想告訴每一個人，一個很貧乏的人為一個很貧乏的女人做了一些很奇妙的事情。

最後還有我的故事。亞當以他那真實的生命之道指引我—或更確切地說，驅使我—深入認識自己真實的生命之道。我在「新屋」生活了十四個月，很喜歡那裏的生活，而我與亞當的關係也愈來愈深、愈來愈密切；但我卻要面對一段十分痛苦的日子，這是我完全意想不到的。經過多年的教學生涯後，黎明之家成了我的家，讓我可以在羣體中生活，花時間祈禱，照顧那些「可憐」人。我一直在找一個可以給我安全感的地方。雖然以往我任教的大學給我發展有關屬靈生命思考的獨特機會，我還可以與數以百計的學生分享我的見解，但那裏並不能給我一個家；黎明之家卻可以。我感到自己得到別人的愛、欣賞及照顧。我從沒有懷疑過自己加入方舟團體是否正確。

不過，別的事情正在發生。與亞當及其他成員過著親密的生活使我更清楚自己的軟弱。最初，誰是弱者、誰是健全是清楚不過的，但隨著日子的過去，那界線卻愈來愈模糊。是的，亞當、露絲和米高都不會說話，我卻說得太多；亞當和米高都不能走路，我卻四處奔跑，彷彿生命就是一件接一件的緊急事件；約翰和羅伊都需要別人幫助他們做日常的工作，但我不也常常向別人說：「請幫助我！請幫助我！」嗎？當我鼓起勇氣深入地看自己，面對自己情感上的需要、禱告的無力、不耐煩及不安、焦慮及恐懼時，我對「弱能」這個詞有全新的認識。雖然我的弱能沒有亞當他們那麼明顯，卻是同樣真實的。

我漸漸發覺，「新屋」那溫暖安全的環境，正在拆毀我為了圍繞自己內在「弱能」而築起的防衛。在這個充滿愛及關懷的環境，沒有競爭，毋須勝人一籌的本領，沒有逼使自己出人頭地的壓力，我經驗到從前看不見也經驗不到的東西。我面對一個非常缺乏安全感、有很多需要、很脆弱的人，這個人就是我自己。這樣看來，我發覺亞當才是那個強者。他經常安靜、平和地在那裏，保持內心平靜。亞當、露絲、米高、約翰和羅伊都向我顯明，他們是這個團體的核心。

一九八七年底，我發覺自己正陷入一個危機。我睡得不安穩，心裏總是掛念著與一位朋友的友誼。這段友誼本來似乎是充滿生氣的，漸漸卻使我吃不消。我情感的深淵本來就好像是用木板蓋著的，現在木板被拿掉，我向下望，見到一個深谷，滿佈準備把我吞噬的野獸。我發覺自己深深感到被遺棄、被拒絕，自己有很多需要、依賴性很強、很沮喪。我在最平靜的屋中，與最平靜的人一起，內心卻洶湧狂暴。

我與團體裏的幾個人談及這事，最初只是在轉彎抹角，後來則公開直接地說。不久，我便要看精神科醫生了。所有人都對我說：「你現在是時候面對自己的『惡魔』，包紮自己的傷口，讓別人照顧你了。」

這是一個令我感到很挫敗的建議。我要離開「新屋」及這個團體，到一個可以讓我經歷痛苦的地方，希望藉此找到新的力量及平安。這一切有甚麼意思？我不知道。我本來是來過羣體生活及照顧亞當的，現在卻要讓其他人照顧他，並完全承認自己的無能。

我正在經歷一個人心靈深處的掙扎，相信自己雖然沒有任何理由可以自誇，但仍然是蒙愛的。是的，我離開了大學，放棄了在那裏得到的聲望。但現在的生活也給我滿足感，甚至使我贏得讚賞。是的，因為我在幫助貧乏的人，人們覺得我是一個好人，甚至是一個人格高尚的人！但現在，我最後的支柱也失去了，我正面對一個挑戰，要相信即使自己沒有任何成績可以拿出來，我仍然是神心愛的兒子。

當我正在經歷這個感情上的磨難時，我發現自己愈來愈像亞當。他沒有甚麼足以自豪，我也沒有；他一無所有，我也是；他需要別人全時間照顧，我也是。我發覺自己抗拒變得像亞當，我不想自己變成要依賴別人的弱者，我不想變得那樣貧乏。不過，我發覺亞當的道路——徹底脆弱——正是耶穌的道路。

離開黎明之家的那幾個月，我得到很多指引，心裏聽到一把溫柔的聲音對我說：「你是我的愛子，我喜悅你。」有一段很長的時間，我不相信那句話。我不斷對自己說：「這是謊話。我知道其實我完全不值得愛。」但我的導師鼓勵我留心聽那聲音，讓它變得愈來愈清楚。當我終於能夠信任那聲音時，我便可以回到黎明之家，繼續在那裏生活了。

那裏的人沒有叫我回「新屋」居住，也沒有叫我繼續照顧亞當。我幫助亞當、與他一起親密地生活的日子已結束了。別人已取代了我的位置。他們邀請我在黎明之家負責更廣泛的事奉，作他們的牧者。

現在回顧起來，我發覺在我重返黎明之家後，與亞當的關係改變了。最初與他一起的十四個月，他是我的老師及導師。他讓我植根於黎明之家這個團體，讓我敞開心扉，接受「脆弱」這份恩賜，並引導我面對自己的黑暗深淵。現在，我已發現那內在的愛的聲音，而且信任了這聲音，我不再需要經常與他一起。現在我們是朋友，是同一個團體的成員，是同走天路的伙伴。我們在貧乏中相遇，關係相當密切。

我仍是「新屋」一個特別的朋友。一有機會，我便會到那裏與他們一同吃飯，每次他們都讓我坐在亞當身旁。當他們為亞當慶祝生日時，總會邀請我出席生日會。

很多人都從亞當身上接受了他的真理及生命，布魯諾、卡西和我只是其中三個。正如耶穌對腓力所說：「人看見了我，就是看見了父。」(約十四 9)我們有幸在亞當裏瞥見神與我們同在。我相信神差遣亞當來世上，幫助祂施恩、醫治，並帶來新的喜樂，就好像祂差遣耶穌來世上一樣。亞當是那麼完全、那麼平和、那麼安靜，卻只是吃力地呼吸，不住地擺弄手指，完全沒有覺察到自己是那麼不平凡。

在我們這個充滿恐懼、焦慮、孤單、消沈、失落感的社會，每個人都不住尋找指引。我們多麼渴望有人——領袖、屬靈導師或靈友——可以幫助我們找到意義，不再感到迷惑，指引我們尋到內裏的完全、自由及平安。很多時候，我們都會追尋有名氣、有智慧、能洞察人心、有屬靈靈敏度及實際生活體驗的人。問題可能是我們過度期望，我們所找的導師也過分付出；因此我們變得依賴，而他們變得操縱。

亞當是我生平所遇，最少操縱、最多依賴的導師。可能因為這樣，我那麼相信他的道路。我相信他能像耶穌一樣行神蹟，因為他從沒有自認行過這些神蹟。他沒有要求別人給他金錢、名譽，甚至只是一聲謝謝。神正透過完全無力的亞當醫治布魯諾、卡西及—最重要的—我自己。

譯註：Camaldolese在原書中作Carnaldolese。譯者翻查了幾本百科全書的宗教卷及宗教詞典都找不到這個修道會。其後蒙勞寶霞小姐告知，原書的併法有誤，並代為查出其中譯，特此致謝。

第五章

亞當的受苦(譯註)

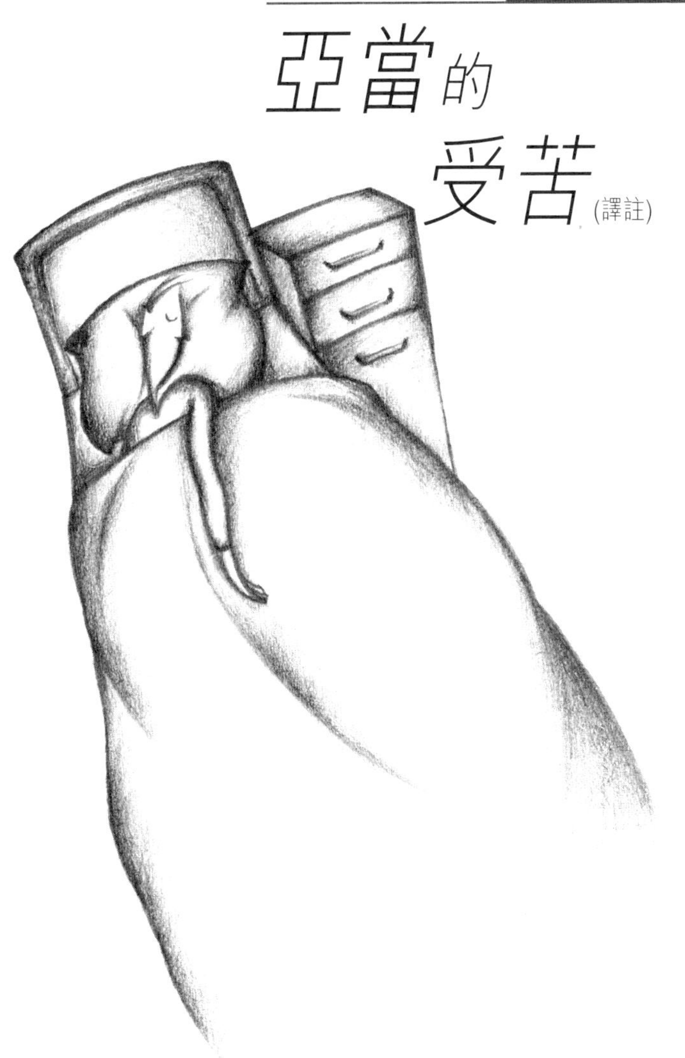

"Passion"這字源自拉丁文動詞 *patior*，意思是「經受」，與「被動」這詞有關。

耶穌的被動是繼很多行動之後發生的。三年之久，祂走過一條又一條鄉村，一個又一個城市，向人們傳道，教導人們，回答他們的問題，醫治病人，對抗偽善的人，安慰傷心的人，叫死人復活。無論祂走到那裏，都有一大羣人崇敬祂、聽從祂、向祂求助。在這些緊張、勞碌的日子，耶穌控制著局勢。祂認為應該去哪裏便去哪裏，應該做甚麼便做甚麼。祂的門徒服從祂的領導，而且一直追隨著祂。

在客西馬尼——橄欖園——所有這一切行動卻都戛然而止。在那裏，耶穌被祂其中一個門徒交付別人，使祂經受苦難。那就是祂被動之始。從那時開始，祂不能再**做**任何事；一切都是別人施於祂身上的。祂被捕、被囚、被帶到希律和彼拉多面前、被鞭打、被戴上荊棘冠冕、被逼背負十架、被脱去衣服、被釘十架、被淩辱至死。祂不能行動，只能接受別人的行動。這是完全的被動。

耶穌一生的大奧祕是祂完成使命的方式——不是藉著行動，而是藉著被動；不是藉著祂所作的事，而是藉著別人在祂身上作的事；不是藉著祂自己作的決定，而是藉著別人為祂作的決定。就是這樣直至祂在十架上瀕死時大聲説：「成了。」

亞當的一生也是被動的。他一生都在受苦，經歷人們為他做的一切、對他做的一切、與他做的一切、圍繞他做的一切。他的痛苦源於他完全依賴別人的行動及決定。他自己只能夠做很少事情，例如：在牀上跳，將吸塵器從樓梯頂端推下去，拿起調羹或杯子等。他卻不能決定去哪裏、與誰一起或做甚麼。亞當一生中每時每刻都在等候別人代他行動。

有幾年他的健康情況比較穩定，但仍有一個很重要的問題：我們怎樣控制他的癲癇發作？他每日都會發作，有時發作後他需要卧牀休息。醫生給他的抗癲癇藥有助控制他的癲癇發作，卻有副作用及其他害處。那藥奪去他的精力，使他便祕、困倦，而且使他身體漸漸積聚毒素。為了將藥物的分量調校得合適，他需要經常到醫院。當他體內積聚了毒素時，便要進醫院接受密切觀察，讓醫生決定抗癲癇藥的準確分量及效力。還有，那種藥使他的心臟愈來愈衰弱，這是我們到了他快去世時才知道的。

我們不大知道亞當的肉體受到甚麼痛苦，有甚麼掙扎；更完全不知道他內心的痛苦及掙扎。或許，他其中一個很大的痛苦，就是他不能告訴別人自己有甚麼煩惱。例如：當雷克斯和珍妮發現他的牙齒陷進了牙齦時，他們可以很快地處理這問題；但當助聽器令他不舒服，或當別人給他吃過量藥物時，他們卻不易發覺。這意味著他們需要多番猜測，才能找出他為何感到不適，雖然那不適是顯而易見的。

亞當的身體狀況雖然時有起伏，但大致來説，一直都很差。他的呼吸一向都是吃力、沈重、不規則的。即使呼吸那麼簡單的事也令他很辛苦，而且隨著年齡的增長，這問題似乎愈來愈嚴重。每當他患傷風或感冒，他都要休養很久才能復原。

一九九四年秋天，亞當病得很重。沒有人知道他哪裏出了問題，但還是急忙把他送到烈治文山的約克中央醫院(York-Central Hospital)去。稍後，當我到達醫院時，雷克斯和珍妮已在那裏，「新屋」的主管安・帕維萊尼絲(Ann Pavilonis)正在與醫護人員談話。安回來時告訴我們：「亞當患了雙側肺炎(double pneumonia)，醫生也不知道能否醫好他。」我們圍在他牀邊。他身上接駁了幾部儀器，好像昏迷了。

安説：「醫生正在問雷克斯和珍妮，如果亞當的情況轉為危殆時，他們是否同意給他人工呼吸器幫助他呼吸。」稍後我們一起商量這事。雷克斯和珍妮明確地表示：「我們希望儘可能讓亞當活下去，也希望儘量令他少受點苦。」他們只想在必要時才暫時給亞當用人工呼吸器，他們不能想像亞當餘生都要靠這呼吸器維持生命。珍妮説：「他受苦已夠多了。」

亞當卻仍未準備死。第二天早上，他的情況好轉了許多，一個星期後，他已出院回家了。

經過這事，我才知道亞當的身體是多麼虛弱的。

我從來沒有認真想過會失去他。他只有三十三歲，雖然他需要很多醫療上的照顧，但他看來仍可以活很久。不過，經過這次雙側肺炎後，亞當變得很虛弱，再不能完全康復過來。我們知道，他曾非常接近死亡，我們應該開始接受，他的壽命可能會很短。除了「新屋」的護士安以外，我們都不願意相信，有時候我們甚至忘記這可能。亞當是家的中心，他的身體一直都那麼虛弱，使安很擔心。醫生告訴她，他們沒法使亞當強壯些，但他們沒有怎樣談及他的心臟。大家繼續生活下去，但有很多個月，亞當都不能參加日間的活動，大部分時間不是躺在牀上，就是坐在「新屋」的靈魂—飯廳的座椅上。在亞當進入他受苦的最後階段時，雷克斯及珍妮這對一直都那麼愛他、那麼可靠的父母更經常到「新屋」探望他。

「新屋」的助理和協助亞當進行日間活動的助理都很好。雖然他們不容易編排輪值表，讓亞當每時每刻都有人陪伴，但他們從沒有埋怨過因為要照顧亞當而失去部分「私人」時間。他們都花很長時間陪伴亞當。在他太虛弱、不能自己進食時，他們餵他吃飯，替他更衣，設法給他一些特別喜歡的食物。亞當一直都那麼虛弱，有時候也令他們很害怕，因為他們是直接負責照顧他的。他們都是年輕人，其中很多都沒有照顧長期患病或瀕死者的經驗。他們問：「如果他病發，不能再起來，怎辦？如果他死時只有我在屋裏，怎辦？

如果我替他洗澡時他暈倒，怎辦？如果晚上發生甚麼事，怎辦？」這些問題雖然似乎關於他們多於關於亞當，但都是他們真切關心的。他們需要信心與亞當一起。時間一個月一個月地過去，亞當的情況只有少許改善，但因為他沒有即時的危險，我們也漸漸適應了這情況，有些人甚至對亞當的健康狀況這樣差也習以為常了。

珍妮、雷克斯、邁克爾和亞當一家人向來都一起過聖誕。多年以來，他們已建立了一些對他們來説很重要的傳統。每逢平安夜，他們都會佈置聖誕樹，喝熱蘋果汁，邁克爾會檢查一下放在聖誕樹下、包裝得美侖美奐的禮物。聖誕節有兩件很重要的事，就是禮物和晚餐。

那一年，亞當因為身體太虛弱，不能回家過聖誕。聖誕節那天，吃過晚飯後，邁克爾和父母來「新屋」探望亞當。翌日，他們一起在「新屋」過了一天。那天亞當和他家人都感到很難受，因為亞當顯然很辛苦，他的呼吸很沈重，人也很疲倦；也因為沒有亞當在家裏，聖誕也不如以往。

一年後，一九九五年的聖誕，亞當剛從醫院回到「新屋」。在此之前，他的肺炎再次發作。出院後，他因為身體太虛弱，再次不能回家過聖誕。珍妮和雷克斯決定來「新屋」與邁克爾和亞當共度聖誕。除了火雞之外，珍妮帶了所有需要用的東西。亞當的助理兼朋友約翰．大衛(John David)為阿內特一家預備了一塊火雞胸。「新屋」其他成員都暫時離開，讓他們一家可以一起進餐；黎明之家其他的三十五位成員，就在隔壁的禮堂吃晚飯。珍妮記得，那年聖誕過得比前一年愜意。亞當的身體實在太虛弱，她打算讓亞當坐在椅子上，由她餵亞當吃晚餐；不過雷克斯認為亞當會喜歡到飯桌與他們一起進餐。當晚餐預備好後，雷克斯帶亞當到飯桌旁。他們一家一起享用那頓晚飯。亞當可以自己吃東西，而且像以前一樣，很享受那些食物！

人們為亞當所做的一切都不能減輕他的痛苦，他要完全依賴別人過活。他卻似乎很接受這情況，完全將自己交託給別人。在完全的軟弱中，他散發出光輝和平安。現在回想起來，我發覺那時我們每個人都不想面對一個事實，他已接近自己苦難的盡頭。

對我來說，亞當的被動是一個深刻的、先知式的見證。他的生命，特別是他的被動，有力地批評我們中間那些屈服於社會規範的人，而這個社會正受著個人主義、物質主義和感觀主義衝擊。亞當需要完全依賴別人。因此，只有當我們圍繞著他，在一個充滿著愛的團體生活時，他才可以過完整的生活。他對我們的偉大教導是：「只有當你們以愛圍繞我，並彼此相愛時，我才能生存。否則，我的生命便會毫無意義，我也只會是一個負累。」亞當明確地挑戰我們，要我們相信，我們必須透過憐憫而不是競爭，才能完成我們作為人的使命。這個挑戰逼使我們重新檢視我們自己及這個重視行動的社會的基本假設。

實際上，我們生命的很大部分—— 要不是絕大部分—— 都是被動的。雖然我們都想按自己的意思行動、獨立、自給自足，但很多時，我們都要依賴別人的決定而活。我們不單在年少無知或年老貧困時如此，就是在強壯獨立時也是如此。我們的成功、財富、健康及關係中有很大部分，都受到我們很難—— 甚至不能—— 控制的事件或環境影響。我們總喜歡盡可能沈醉在行動的假象中，但事實上，被動才是決定我們人生的最終因素。我們需要別人—— 愛我們及關心我們的人—— 在我們受苦時承托我們，使我們最終能完成使命。對我來說，這就是亞當受苦的最後意義：**激烈地呼喚我們接受自己生命的真實，保持平靜、慷慨，在自己堅強時願意付出愛，在自己軟弱時願意接受別人的愛。**

譯註：Passion這個英文字可解作「受動性」或「被動性」，亦可解作「受苦」，特別是主耶穌的受苦。盧雲在本書用這字時兼有上述兩個意思。譯者翻譯時按上下文將這個字譯成「受苦」、「被動性」或「痛苦」等。

第六章

亞當的死

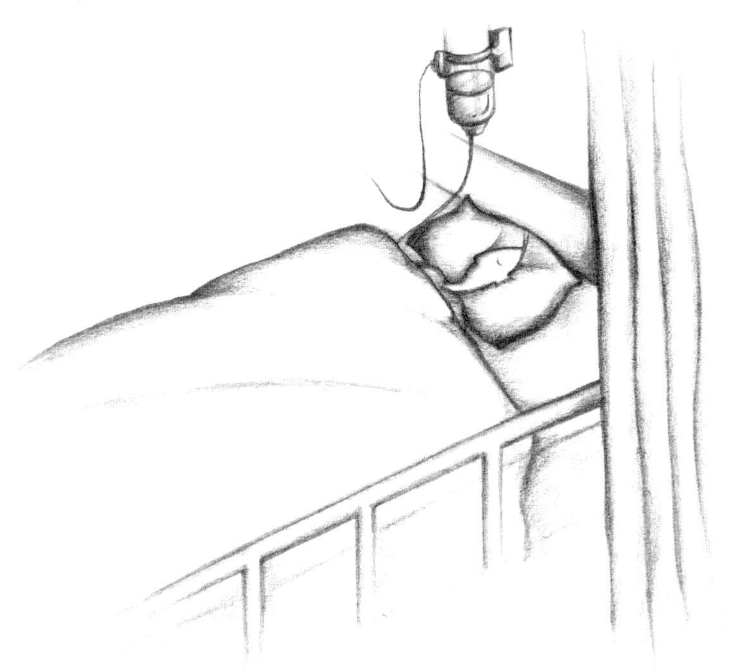

一九九五年九月，亞當肺炎第一次發作後幾個月，我離開黎明之家度安息年。前一年是黎明之家二十五週年，我們有很多慶祝活動。我發覺我需要休息一下，讓心靈得到更新，也可以有時間寫作。

不過，要我離開黎明之家並不容易。九年前，我初次踏足「新屋」，認識了亞當。這些年以來，我與核心成員及他們的助理已建立了深厚的友誼。然而，現在是時候讓我稍為退下來，總結這幾年的牧養工作，計劃一下如何度過自己生命的最後階段。

聖誕節前後，當我在歐洲與高齡九十三歲的父親一起生活幾個星期時，安· 帕維萊尼絲通知我亞當的情況不大好，不能回家過聖誕，也不能參加黎明之家的慶祝活動，只能和家人在「新屋」過節。他因為身體太弱，不能參加日間活動。安是一位很優秀、很能幹的護士，她告訴我：「醫生發覺亞當的心臟脹大了。他們相信他將不久於人世。他真的很虛弱。我們都很害怕面對前面的日子，很害怕失去他……請為我們祈禱，讓我們可以好好度過這段日子。」

接著的幾個星期對亞當、他父母及「新屋」的每個成員來説，都是非常難過的日子。亞當進出醫院幾次，兩度留院整整一個星期。他們告訴我，在這段日子裏，亞當那兩位不會講話的同屋—— 露絲和米高，與亞當休戚與共，對他充滿憐憫之情。他們一起生活了十年，建立了親密的關係。羅伊和約翰似乎很害怕身邊有人那麼接近死亡，不太願意談及亞當，但也知道亞當的情況正在惡化。他們很留意所有關於亞當的談話，以及人們在亞當身邊的一切活動。與亞當感情深厚的助理希望他留在「新屋」，讓他們照顧他。但他的情況實在太危險，他們發覺把他留在那裏對他和眾人都沒有好處。

二月初，亞當病危入院。醫生告訴珍妮、雷克斯和安，亞當的心臟正慢慢失去功能，心臟的肌肉也正在損壞。除了心臟移植之外，沒有別的辦法可以救他。這消息使他父母大感意外，更使他們傷心。醫生從沒有提過亞當的心臟衰弱，他們根本不知道他的情況那麼糟，完全沒有心理準備他會很快離世。雷克斯認真地考慮讓亞當接受心臟移植手術，但他知道即使這樣，亞當的情況也不會好轉。當他放棄這最後的希望時，便要面對殘酷的現實。他和珍妮大部分時間都留在醫院。當亞當費勁地吸一口氣，停很久，又再吸一口氣時，他們在旁鼓勵他，不斷告訴他要活下去，他做得到的。亞當聽到他們的話，盡最大努力回應他們這個充滿愛的要求，繼續活下去。那些助理在晚上輪流到醫院陪伴亞當，不讓他獨自留在那裏。

二月十二日星期一大清早，安發覺連接在亞當身上的儀器都顯示出平線。醫生到達時，發覺他沒有心跳，於是將儀器關掉，宣布亞當已死於心臟衰竭。護士在離開前將病牀降低，讓安可以獨個兒陪伴亞當的遺體。安回憶說：「他們剛離開，我便將病牀再次升起，向亞當說話。我無法告訴你我說的一切，因為我用詞非常嚴厲，但基本上，我很肯定地對他說，他父母還沒有到，他絕對不能在他們來到前死去！我知道他們正趕來。我替他按摩胸口，大聲地叫他聽我說。幾分鐘後，亞當深深吸一口氣，繼續呼吸！我對他說：『你一定知道，你很快便可以走了；但在你父母還未見你最後一面、向你道別前，你不能走！』我叫護士來，她簡直不相信自己的眼睛，但還是去叫醫生來。醫生說亞當真的完全沒有希望，我應該讓他安然離世。但我說亞當的父母還未到，他不能死！醫生很驚奇地問我：『呀，你不是他母親嗎？』我說：『不是，但他父母正在趕來。』醫生離開時搖搖頭說，他稍後會再來。」當雷克斯和珍妮到達醫院時，亞當已像從前那樣呼吸。

那時，黎明之家所有人都聽到亞當即將離世的消息，和他一起進行日間活動的人都聚集在黎明之家的禮堂，準備分批到醫院跟亞當道別。那裏每個人都是嚴重弱能的，助理們正在商量應讓誰先乘可以容納輪椅的輕型汽車到醫院，而其餘的人則要等到上午十一時。他們同意特蕾西(Tracy)和米高應該先去，於是便去拿他們的外衣及輪椅。他們安排了露絲遲些才去，沒有留意她。原來她已將外衣穿了一半，蹣跚地走了出去，將自己的輪椅推到禮堂入口。

像亞當一樣，露絲也不會説話。她在一所療養院有圍欄的牀上生活了很多年，直至二十五歲才學會走路。露絲從不與人太親近，經常無故尖叫，似乎生活在另一個世界中。

當特蕾西和米高準備起程時，露絲卻坐著輪椅擋在大門口。凱西(Kathy)輕輕地扶起她，要她等一會兒，到上午十一時她便可以去了。凱西將她帶回禮堂，也把她的輪椅推回。途中電話響起來，凱西去接聽電話。兩分鐘後她回來時，露絲再次坐在輪椅上擋著大門口！

凱西問她：「露絲，你是不是想告訴我們甚麼？」她似乎在等甚麼，當凱西扶她回禮堂時，她緊緊抓著輪椅。「或許你應該現在就去。不過，露絲，你不能在醫院高聲叫喊！亞當病得很重，我們現在去跟他説『再見』。如果你高聲叫喊，醫院的人會要我們全部離開，其他人也不能到那裏。你認為怎樣？」露絲牢牢地抓著輪椅，彷彿在説：「求求你，我想現在就去。」

醫院的護士及亞當的家人都不知道應否讓那麼多人到亞當的病房跟他道別，但為了這羣人，他們還是讓他們進去。那些助理嚴厲警告露絲不能高聲叫喊後，將她推進病房來到亞當牀邊。她靜靜地凝視亞當雙眼，亞當似乎也看著她。她握著亞當的手，從來沒有人見過她這樣做。有差不多兩分鐘的時間，她就這樣凝視著亞當、握著他的手。隨後，她將亞當的手放回牀上，靠在自己的輪椅上，準備離開。露絲和亞當已互相道了別，已準備離開了。

那天早上，我在馬薩諸塞省沃特敦(Watertown)接到我在黎明之家的祕書凱西．克里斯蒂(Kathy Christie)的電話，說亞當的情況很差，這次大概沒有希望可以生存下去了。幾小時後我已坐在回多倫多的飛機上。

我走進亞當的病房，看見我親愛的朋友躺在那裏，他顯然在與我們度過自己最後的幾小時。我的心被深深觸動；我親吻他的前額，輕撥他的頭髮。雖然他掙開雙眼，但我不能肯定他是否認得我。雷克斯、珍妮和安跟我打招呼，我感受到他們的哀傷。在過去幾個月，他們經歷了那麼多事情，到了最近，他們仍然希望亞當能再次康復過來，但這次他們知道亞當離死亡不遠了。

珍妮含著淚對我說：「亨利，謝謝你。很多謝你來。你與亞當是那麼親密。恐怕他快死了，我們要讓他離去。他受苦已受得很久……太久了。」

我到了不久，一位助理帶著亞當的哥哥邁克爾來陪伴亞當。邁克爾逕直走到亞當牀前，對自己也對神說：「我……想……祢幫助我弟弟。求祢助他可以再起來走路。」他憂愁地看著父母，他父親摟著他。幾分鐘後，邁克爾見到我時，便用雙手摟著我，把頭靠在我胸前哭起來。我擁著他顫抖的身軀良久，然後和他一同轉向在牀上的亞當。所有人都聚集在一起，邁克爾拿著一小瓶聖油，讓我把聖油塗在亞當的前額及雙手，求神賜他力量度過人生最後的旅程。

邁克爾含著淚說：「我……我……我的弟弟……要到……天堂，我心碎了……神父，我心碎了。」我摟著他，和他一起痛哭。我們站在亞當四周。邁克爾很傷心，他父母也受到感染，都流下眼淚，此情此景，實在令人心碎。過了大概一小時，在父親幫助下，邁克爾與弟弟道別，離開醫院回家去。

到了下午六時，珍妮和雷克斯仍留意著亞當在氧氣罩幫助下的每一下呼吸，盡力讓他感到舒服點，鼓勵他再吸一口氣。他們不時以一塊小海綿蘸點水滋潤他的嘴唇。我說：「他不肯輕易放棄。他是個真正的戰士。」安．帕維萊尼絲說：「他一定是在等雷克斯、珍妮和你來。現在你們已見過他，是時候讓他去了。」我們當然沒有理會她！他父母繼續鼓勵他說：「吸氣吧，亞當！來吧！你做得到的！吸氣吧！」後來，安分別叫了他倆到一旁，讓他們明白是時候停止叫亞當掙扎著活下去了。她說：「你們要祝福他，讓他去。」他倆不情願地回到亞當身旁，對他說他可以去了。我坐在牀邊，撫摸亞當的頭和頭髮，不時用雙手托著他的臉。

黃昏時，黎明之家的成員在候診室等候，分批進病房向亞當簡短地道別，並和我們談一會話。不時，幾個人會走到亞當牀邊，手牽著手為他、他父母、他家人及他的朋友祈禱。我們求神賜給每一個人心靈深處的平安及自由，讓亞當在適當的時候返回天家。

稍後，護士拔去亞當身上的儀器，雷克斯和安拿掉亞當的氧氣罩，替他除去所有不必要的支持系統。他已離死亡不遠了，我們惟一要做的是盡量令他舒服點。他開始掙扎著呼吸，雖然他看來並不感到痛苦，但要為每一口氣掙扎實在很吃力。珍妮自豪地說：「他的心臟那麼弱，竟然仍可以這樣做，他真的不輕易放棄，他真堅強。」雷克斯跪在牀邊，握著亞當的手。珍妮站在另一邊，輕撫著牀上的亞當。

午夜時，亞當看來可以捱過那一晚，而我已筋疲力盡。安對我說：「回家睡一會吧。雷克斯、珍妮和我會留在這裏，亞當死時我們會通知你。」

大約零晨一時，我在位於「拂曉之家」的房間，剛入睡不久便接到安的電話，她說：「亨利，亞當死了。」我立刻想起耶穌的話：「成了。」亞當的生命及使命已結束了。

十五分鐘後，我回到醫院。亞當一動不動、安詳地躺在那裏。他不用再為下一口氣掙扎，不用再擺弄他的手指，也不用再不住地搖動他的身體。雷克斯、珍妮和安坐在牀邊，觸摸著亞當的身體。我們在流淚，那是損失之淚，也是釋放之淚。我們四人手牽著手，一同祈禱，為了亞當三十四年生命的恩典感恩，也為了他以自己極度軟弱的身體，及不可思議的屬靈力量帶給我們的一切感恩。

我不禁凝視著他的臉，心裏想：「這個人幫助我與自己心靈深處、我所屬的團體及我的神更緊密地聯繫起來，沒有人比得上他。這是人們要求我照顧的人，他卻以令人難以置信的深度帶領我進入他的生命及他的內心。是的，在黎明之家的第一年，我曾照顧他，漸漸深深地喜愛他，而他對我來說卻是一份很珍貴的禮物，是我的輔導員、我的老師、我的導師。他從未對我說過任何話，卻比任何書籍、教授或屬靈導師教曉我更多。這是亞當，我的朋友，我親愛的朋友。他是我所認識的人中最脆弱的一個，卻也是最有能力的一個。現在他死了，他的生命完結了，他的任務也完成了。他已回到神的心裏，他原本也是從那裏來的。」

我深感哀傷，也深感喜悅。我失去了一個同伴，卻在餘生得到一個守護者。我祈禱說：「願眾天使帶領亞當進入天堂，迎接他回到神那充滿愛的懷抱。」

死亡是那麼神祕，它逼使我們問自己：「**我為甚麼活著？我怎樣活？我為誰而活？**」還有：「**我準備好現在……或遲些……就死嗎？**」亞當彷彿給我自由，讓這些問題在我內心浮現。他好像對我說：「亨利，不要怕。讓我的死亡幫助你與你的死亡為友。當你不再害怕自己的死亡時，你便可以完滿、自由、快樂地活下去。」

我感到很榮幸，能夠與雷克斯、珍妮和安一同經歷亞當去世這個神聖時刻。我覺得自己好像耶穌所愛的門徒約翰一樣，與馬利亞一起站在十架之下。我沒有任何親生的兒女，亞當卻好像我的兒子一般，同時也好像是我的父親。站在亞當一動不動的遺體前，我知道神並沒有讓我孤獨一人，無兒無女，無家可歸。

耶穌彌留之際，看著祂愛的那個門徒，對馬利亞說：「母親，看你的兒子。」又對約翰說：「看你的母親。」就這樣，祂以自己的死開始了一段新的關係。同樣，在那一刻及以後的日子，亞當也以自己的死使他的家人、黎明之家過去及現在的成員和他的朋友之間的關係更密切。

大約零晨三時，醫生來到病房。雷克斯和珍妮發覺是時候他們第一次向亞當道別了。雷克斯對醫生說：「醫生，請溫柔地對待他的身體。」這就是三十四年以來雷克斯所作的。

我們離開醫院時，雷克斯和珍妮堅持要送我回家。天氣非常寒冷，四周都很靜，鋪滿了雪。這已是這個寒冬的第七個暴風雪了。十五分鐘後，他們在「拂曉之家」讓我下車。我向他們揮手道別時，嘗試想像一下他們心裏在想甚麼。一對夫婦在深夜駕車，為他們心愛的兒子傷心。他們曾經將他們所有的愛和關懷傾注在這兒子身上。我不能體會他們的悲痛。但我又深信，亞當就在他們身邊，保護他們，看顧他們。他不會撇下他們，讓他們獨自忍受傷悲。

第七章

亞當的葬禮

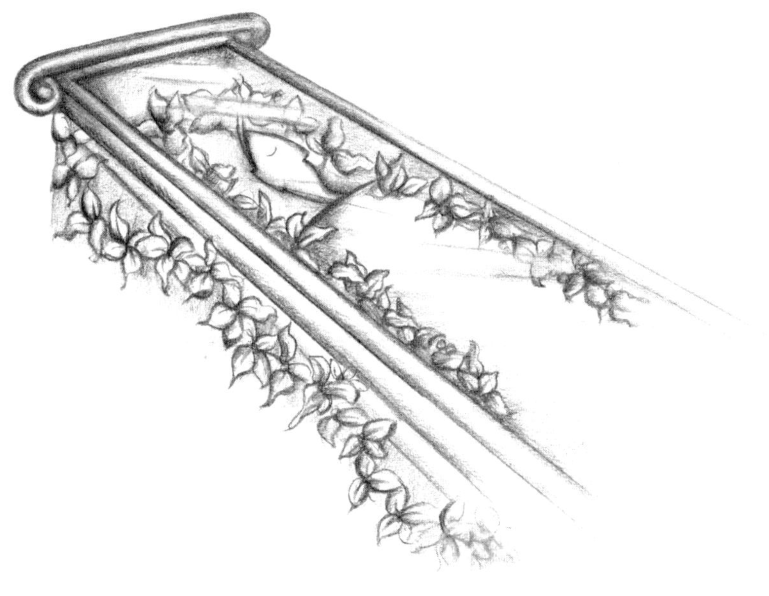

翌日早晨起牀時，我知道需要特別花點時間陪伴亞當的哥哥邁克爾。瑪麗·巴斯特杜(Mary Bastedo)是邁克爾居住的家的負責人，她提議我帶邁克爾到外面喝杯可樂。她說：「他現在真的很想與你一起。」我和邁克爾到附近列治文山一家餐廳喝可樂及咖啡。我們談及有關自己和亞當的事。我說：「邁克爾，能與你做朋友，我感到很高興。」像他慣常一樣，邁克爾抓著椅子的扶手，稍微向我移近，微笑著說：「是的……神父。我們……是……朋友。」

我說：「你弟弟亞當已離開了我們，到了神那裏。我們今天會到殯儀館去，你會見到他的遺體。明天我們會把他葬在墳場。」邁克爾含淚看著我說：「神父，我不喜歡那樣。我……不喜歡他……在……地下。」他一邊說一邊指著地板。我說：「邁克爾，我也不喜歡那樣，但我真的希望神會賜給亞當一個新的身體，讓他可以在天堂自由自在地行走、説話，與早已在那裏的祖父母和伯父談話。」

邁克爾很傷心。幸好我總可以不時轉移他的注意力。我給他的其中一個小小的娛樂是讓他乘坐我的車子，開著收音機，到外面吹吹風。我覺得邁克爾不會有問題，他是個常常祈禱的人，我相信他的信心會幫助他面對前面的日子。

那天下午我到殯儀館去。當我見到躺在棺木裏的亞當時，立時吃了一驚。他看來那麼年青，好像一個剛入睡的十八歲青年。他的面容很平和，皮膚柔滑，頭髮梳得很整齊，穿著一件很好看的恤衫及一件淡黃色羊毛外衣。看著他的美麗、他的青春，我不禁流下淚來。這是我第一次看見他閉著口，非常安靜地躺著。我很難相信，這個人給我那麼多幫助，但從沒有對我說過一句話，也不能在花園四處奔跑、玩球、正常地上學或看書。他只喜歡經常與他的朋友在一起！現在他看來是那麼健康、那麼完全、那麼好看，我簡直不能將目光轉離他；他好像已讓我一窺他復活時會擁有的新身體。

珍妮曾經猶疑應否將棺木打開。她若有所思地說：「亞當已經死了，幹嗎要讓他死的樣子成為別人對他的最後印象？」但我仍要求她考慮打開棺木一會兒，讓那些希望在他下葬前見一見他的人可以如願。當珍妮看見她的兒子那麼平和、那麼好看、那麼平靜時，她明白到能夠讓我們看著亞當、輕撥他的頭髮、吻他的前額，對我們會多好。

在下午及黃昏的接待時間，大部分黎明之家的成員都再來陪伴亞當。殯儀館最大的房間擠滿了人。安、約翰．大衛、萊斯薩(Leszek)、喬迪(Jody)和克勞迪婭(Claudia)都是「新屋」的助理，他們與亞當一起生活了幾個月至幾年不等。當他們知道亞當已離世時，都感到很悲痛。他們實在不能想像，沒有了亞當，「新屋」的生活如何繼續下去。

亞當的朋友和同屋也來了。約翰很害怕醫院、殯儀館、教堂和墳場等地方，這些地方使他想起他母親離世時的情景；然而他還是來了。從亞當第一天來黎明之家開始，約翰便與他一起生活，而且一直都很愛他。約翰會不斷重複自己最熟悉的話，例如：「亨利，你今晚會不會回來？」他渴望與別人接觸、與別人一起、與別人親近，但他以往的經歷及受過的創傷令他不能表達自己心裏的痛苦。

露絲也來了。她和亞當在同一年來到黎明之家。雖然她嚴重弱能，而且在別人眼中，她好像活在自己的世界，別人完全沒法進入。但那些與她一起生活及工作的人卻發現，亞當的患病及死亡深深觸動她。花了點時間與亞當道別後，露絲感到很滿足，逕自在那裏四處蹓躂，不時與一位助理一起走去看一看亞當，然後坐在地上一角，遠離人羣。平時，露絲經常高聲尖叫，表達自己的快樂或痛苦。但在那裏，她大部分時間都很安靜；當她看著亞當時，表現得很專心，失去他使她深感哀傷。

米高也坐著輪椅來了。由於他患有嚴重大腦麻痺，而且是弱智的，所以人們不易明白他心裏在想甚麼。即使在那裏看著亞當的遺體，米高也不能表達自己的感受。但站在四周看著他和亞當的遺體的人都深受感動。在翌日的葬禮，米高終於忍不住痛哭起來了。

羅伊也是亞當的同屋。他不能直接面對死亡，他認為到殯儀館會令他很不安。但他在家裏不住的問：「亞當怎樣？亞當怎樣？」雖然他很傷心，但仍盡量保持快樂及樂觀。不過，在心靈深處，他仍感到很痛苦，他會突然變得很沮喪、很憤怒，自己也控制不了。他深深愛著亞當，經常溫柔地與他談話，他倆的關係十分密切。葬禮後，安陪羅伊到亞當的墳墓。後來，他的心情似乎有點好轉。

暫放亞當遺體的房間擠滿了人，除了黎明之家的成員及他的家人外，還有遠道而來的老朋友。格雷格(Greg)及他的妻子艾琳(Eileen)從芝加哥駕車來。他們在黎明之家認識，也曾與亞當一起生活。史蒂夫(Steve)曾在「新屋」及亞當進行日間活動的地方當助理，與亞當感情很好，他專程從西雅圖飛來。彼得曾任「新屋」的主管兩年，期間與亞當一起生活，他專程從新斯科舍(Nova Scotia)飛來為亞當守夜及參加他的葬禮。

在接待訪客期間，我們數度停止談話，圍著亞當的棺木一同祈禱及分享。我誦讀詩篇二十七篇，感到這首詩好像是對亞當說的。祈禱後，我們仍舊站著，圍成一個圈，有幾個人談及亞當的事——一些引人發笑或惹人垂淚的夢或事件，也有些既引人發笑也惹人流淚的。在亞當的遺體旁，交織著傷痛和喜樂。我們既有哀愁，也有歡笑；既感到損失無法彌補，又感到所得甚豐。我們彷彿聽到亞當對我們說主耶穌對哀傷的門徒所說的話：「基督這樣受害，又進入祂的榮耀，

豈不是應當的麼？」（路二四26）

在這樣的時刻，耶穌還說了一些別的話，給我們帶來盼望。祂說：

一粒麥子不落在地裏
死了，
仍舊是一粒；
若是死了，
就結出許多子粒來。
愛惜自己生命的就失喪生命；
在這世上恨惡自己生命的，
就要保守生命到永生。（約十二24~25）

當我們圍站在亞當遺體四周時，我感到耶穌有關自己的話，不單讓我們得以一瞥亞當生命所結的眾多果子，也同時讓我們得見亞當的死所結的纍纍果實。

一九九六年二月十五日星期四，幾百人聚集在烈治文山的聖母無玷天主教堂（St. Mary Immaculate Catholic Church）頌揚亞當的生與死。當人們抬著亞當的遺體進入教堂時，所有人都站起來迎接他。我想到這許多人都曾被這個最脆弱又最可愛的人深深觸動，很是感動。他不是出色的藝術家、著名的音樂家、偉大的宗教人物、或成功的政治領袖。全都不是，他是亞當，他並非以言語，而是以自己的榜樣向我們說話；他絕不須要到外地、發表演説或寫書去傳揚他的和平信息。他是亞當。他甚至毋須賺一分錢，因為他召集了一個充滿關懷的羣體圍繞著他；我們為亞當含著淚站起來，也因為他心裏充滿著愛。

當亞當八位好友扶著他的棺木來到教堂前面時，我們一起唱：

虛心的人有福了，
因為天國是他們的。
哀慟的人有福了，
因為他們必得安慰。

我們聆聽保羅的話：「神卻揀選世上愚拙的，叫有智慧的羞愧。」（林前一 27）

我們也傾聽表現耶穌異象的話：「溫柔的人有福了，因為他們必承受地土。」（太五 4）我們發現這些話實際上是和亞當有關的。

我站在亞當遺體前面，拿著聖餐餅，説耶穌説過的話：「你們拿著吃，這是我的身體，為你們捨的。」我對神怎樣為我們成了肉身，讓我們可以觸摸祂，並得到醫治有全新的瞭解。神的身體與亞當的身體是合而為一的，因為耶穌清楚告訴我們：「這些事你們既作在我這弟兄中一個最小的身上，就是作在我身上。」

（太二五 40）在亞當身上，我們實際上觸摸到活在我們中間的基督。

所有人都來到教堂前面領受基督的身體。聖餐後，每個人都來最後一次觸摸亞當的棺木，與他道別。當我們的手觸摸著他的棺木時，我們唱那古老的愛爾蘭祝願：

願道路與你一起高升；
願清風永遠在你背後承托你；
願太陽溫暖的光輝照著你的臉；
願雨水輕輕灑在你的田地；
願神把你置於祂掌心之中，
直到我們再會時。

接著，扶著亞當的棺木到祭壇前的人將他的遺體帶出教堂，我們唱著：

神會將你放在鷹背上，讓你展翅上騰；
以黎明的微風承托你；
確保你像太陽一樣發出光輝；
將你置於神的手中。

⊱⊰

邁克爾和我坐在引路車上，與車隊其他車輛一同向墳場駛去。彌撒剛完結，珍妮對我說：「邁克爾那麼傷心，我不知道應不應該讓他到墳場去。」但我覺察到邁克爾很想與家人及朋友一起，讓他經歷痛苦直至葬禮完結是沒有問題的。我對他說：「來與我一起坐在引路車上好嗎？」邁克爾立即回答：「好的……神父。我會……和你一同……坐你的車子去。」

到了墳場，仵工將亞當的遺體抬到下葬的地方，將他放在金屬支架上，以便將他放進墳墓裏。墳墓以大木板覆蓋著，旁邊的泥土則以大片的人造草覆蓋著。至少有一百人陪伴著亞當的遺體到他安息之處。

那天天氣很晴朗。雖然很寒冷，但陽光照耀著鋪滿皚皚白雪的墳場。那裏一絲風也沒有，人們說的每句話，別人都能聽得一清二楚。

邁克爾對我拿著的灑聖水器很有興趣。我心想，應該由他以聖水祝福亞當的墳墓及棺木。於是，作了一個簡短的祈禱後，我將灑聖水器交給邁克爾，緊緊抓著他，讓他彎下腰，慢慢地從棺木的一邊走到另一邊，小心地以聖水祝福棺木。然後我祈禱說：

> 親愛的神，我們將亞當，我們的兒子、弟兄、朋友交在祢手中。我們深信，在末日他會與所有在基督裏活著及死去的人一同復活，並永遠與祢一起。
>
> 求祢迎接我們親愛的亞當到天堂，幫助我們以信心互相安慰，直至我們在基督裏相

遇，永遠與祢和亞當一起。

祈禱完結後，兩個穿著罩衫、戴著硬帽的年輕人出現了。他們立即著手把棺木下面的人造草及大木板移走。我不禁笑起來。他們令我想起莎士比亞的《哈姆雷特》(*Hamlet*)裏的掘墓人，他們的出現使場面變得比較輕鬆。我們所有人都在那裏等候。這兩個精力充沛的年輕人忙碌地工作，使我們清楚地知道，我們要埋葬亞當，而不是將他孤零零地留在雪地上。當所有木板都移去後，兩個年輕人將棺木緩緩地放入墳墓。這個過程彷似一個通往地下的漫長而緩慢的旅程。當棺木正降入地下時，我們唱著：「哈利路亞，哈利路亞，哈利路亞。」兩個青年一直看著下面的坑穴，直至棺木觸及穴底，可以將繩索及金屬架移走為止。接著他們把兩把大鏟子交給我和雷克斯，讓我們掘起乾淨的泥土，倒入下面的棺木上，發出砰砰響聲。其後，我們把鏟子交給其他人，直到所有想嘗試將泥土倒入墓穴的人都有機會一試為止。

這是那麼確定。我看著墳墓深處亞當的棺木，上面只有一束鮮花。我知道，毫無疑問，亞當不會再與我們一起了。一堆一堆的泥土會覆蓋著他的身體，漸漸地，他的身體也會化作包圍他的泥土的一部分。站在那個大洞前面，我面對死亡這鐵一般的事實，也面對復活的盼望。

我們都有這感覺。我們將一團團泥塊傾入墳墓，聽到棺木傳來的低沈聲音，我們悲傷的心都碎了。邁克爾開始在朋友臂彎中啜泣。約翰終於能夠讓別人知道他的哀傷，不能自已地嚎哭起來。那一刻，我們明白到自己的無能及孤單。太陽、白雪、嚴寒、墳墓、哭聲、在地下深處亞當的身體，這一切都讓我們明白自己那不能言傳的悲傷。當我們所有人都用鏟子傾倒泥土入墳墓後，我們再唱那首在教堂唱過的愛爾蘭祝願。然後我說：「讓我們平平安安地離開吧。」大家慢慢地轉身，開始離開。

我與一些人在墳墓那裏多留一會。要將這個可愛的人單獨留在那裏實在不容易。我最後一次看這個滿蓋白雪的地方，亞當的身體就躺在這裏，我感到他新的孤寂。亞當死了，他不會再回來，我們不能再觸摸他，我們要在沒有他肉身與我們一起的情況下繼續活下去。但怎樣活下去？我們不知道。我們只能等待，感受那痛苦，哀悼我們的損失，讓眼淚流出來。亞當已離開了我們。他已得到安息，我們要懷著盼望活下去。我很清楚一件事。我們要聚在一起，相信那位將我們連結在一起的人，也渴望我們仍然在一起。當我們駕車到我們會一起午餐的地方時，我知道亞當會喜歡見到我們在那裏，含著淚，偶爾也帶著笑。

第八章

亞當的復活

亞當的復活始於愛他的人的哀傷，這哀傷是真實而深刻的。葬禮後，當我們所有人都聚集在黎明之家的大禮堂時，我明白到我們的損失是多麼大。對我及很多其他人來說，亞當是這個團體的靈魂，我們不安靜的生命也是圍繞著他這個安靜的中心而存活的。現在這個中心已消失了。

現在怎樣？以後又怎樣？我們如何活下去？我們能否活下去？在為亞當守喪的日子及他的葬禮期間，我們仍感到他存在，仍可以看到他年輕的臉孔，仍可以觸摸到他。但現在只有空虛，他已不復存在了。我一直在想，耶穌被埋葬後，他的朋友有何感受。是麻木、迷惑、憤怒、還是苦毒？他們存在的根基已消失了！他們生命的意義也被奪去了！一切都完全停頓下來了。再沒有人教導他們，向他們傳道；再沒有人與他們一起進餐，與他們共享祈禱及安靜的時刻；再沒有親密交談的時刻。那些羣眾在哪裏？那些奇迹在哪裏？那些對新秩序及真自由的期盼在哪裏？那些豐富的魚及餅在哪裏？生存的喜悅在哪裏？有人把大石輥到墳墓的入口（太二十七 60），石頭也被封嚴了（太二十七 66）。這結局是何等令人震驚。除了回家或迷惑地頹然坐下外，他們還可以做甚麼？

如果不進入哀傷的深處，我們不能談及復活，甚至不能思想復活。耶穌的朋友和亞當的朋友都不能說：「不要哭，他會回來的。」我們需要哭，需要感受失去他，需要哀悼他的死。哀傷是空虛、黑暗、無意義、無用、無能的，更使我們心愛的人在我們心裏漸漸死去，而這人曾棲居在我們心裏。哀傷是日復日、時復時、分復分的離去。有一段很長的時間，我們所思所行都彷彿他仍然存在，但我們又常常發覺他已永遠離去。今早誰會幫助亞當起牀？但……他已不在這裏了！誰會替他洗澡、刮鬍子、梳頭、穿新衣？但……他已不在這裏了！誰會為他預備早餐，幫助他喝橙汁，幫助他預備好迎接新的一天？但……他已不在這裏了！

今晚雷克斯和珍妮都會來……但不是來陪伴亞當，而是來陪伴我們。哀傷是持續的死亡，是因他的消逝一次又一次的震驚，是緩慢、痛苦的離去，是使人痛苦的孤獨。我們無法規避自己的哀傷，也不能縮短哀傷的日子。我們需要給它時間——很長的時間。

那麼復活從哪裏開始？我們何時才能再見亞當？我們何時才能不單敢於談及他的不在，也敢於談及他的同在？對我們來說，復活始於異象及夢。

亞當的好朋友伊馮娜(Yvonne)說了一個她在哀傷中想出來的故事。她想及亞當，想及他的死及他們的友誼。她意識到下次她和亞當見面時會是在天堂。然後她想像自己走到天堂。正當她在行走時，她見到一個容光煥發的年輕人走近她。她感到迷惑，因為她不認得那年輕人，但那年輕人卻上前和她談話。他說：「嗨，伊馮娜，你不認得我嗎？」伊馮娜定睛看他，覺得自己認識他，卻不知和他怎樣認識。接著他笑著說：「我是你的朋友亞當，記得我嗎？」伊馮娜從他充滿朝氣及力量的歡迎中得到安慰。

方舟團體一位資深成員伊麗莎白(Elizabeth)做了一個夢。她告訴我們：「在夢中，我看見亞當在奔跑、跳舞，他上下跳動，像小鳥一樣自由自在。我看見他是一個自由的人，談談笑笑，像出色的運動員那樣擺動他的頭、手和腳。他是那麼歡欣、那麼容光煥發，做著他從前與我們一起時絕對做不到的事。醒來時，我感到很興奮，因為我竟然看見亞當跳舞！」

我自己卻沒有任何異象或夢。相反，我心裏有一種奇怪的感覺，就是一切都不再重要了。我不是經常都有這感覺，我仍繼續做我的日常工作，但我會不時問自己：「我為甚麼還做這一切？我為甚麼還要探訪別人、吃飯、寫書、主持禮拜？無論如何，這一切都不會有甚麼結果。既然一切都以死亡告終，我們為甚麼還需要愛？」我躺在牀上，感到愈來愈疲累。我問自己：「我為甚麼還要起來？」

但每當我和朋友談及亞當時，他們都會留心傾聽。他們的反應跟他們聽我談別的事情時不同。他們聽到我傷痛的心，並聽到這個我那麼疼愛又那麼安靜的年輕人的聲音。當我跟他們談話時，他們說：「你真的很喜愛他，不是嗎？告訴我們多些關於他的事吧。」我便告訴他們多一些——關於亞當的出生、他了不起的父母、他怎樣來到黎明之家、我和他的關係及他如何觸及我的心。這只是一個平凡的故事。但每次述說這故事，我都見到聽我說話的朋友從心裏流露出新生命及新希望。我的哀傷成了他們的喜樂，我的損失使他們有所得，我的死去使他們得到新生命。慢慢地，我開始發現，亞當活在那些他從未見過的人心裏，彷彿他們也變成一個偉大奧祕的一部分。有人對我說：「或許你應該寫一本關於亞當的書，讓更多人知道他的故事，從中得到喜樂。」

他的復活是否始於我的哀傷？這正是抹大拉的馬利亞所遇到的事。在哀傷中她聽到一把熟悉的聲音叫喚她的名字。這也正是那兩個沮喪的門徒在往以馬忤斯路上遇到的事，一個陌生人跟他們談話，使他們心裏火熱。這也發生在那些躲在樓房、心中充滿恐懼的門徒身上，他們聽到：「願你們平安！」這句話，也聽到主充滿愛意地表示原諒他們。這也發生在耶穌那些傷心的門徒身上。他們回到湖裏捕魚，當他們遵從岸上一個人的指示，將網撒向右邊後，捕得的魚載滿漁船，而且那人更邀請他們與祂一起吃早餐。

哀悼變為舞蹈；哀傷變為喜樂；失望變成有盼望；懼怕變成愛。接著，有人帶點猶疑地說：「祂復活了，祂真的復活了。」

我不肯相信亞當肉身的生命是毫無意義的。他那令人難以置信的脆弱及生命預定是為了榮耀的。他的脆弱生命成了一度神祕的大門，藉此將他的愛傾予多人。就好像耶穌復活的身體上的傷痕是讓別人認出祂的記號一樣，亞當的傷痕也成了他在我們當中獨特的同在記號。亞當破碎的身體是他新的、復活生命的種籽。保羅說：

> 或有人問，死人怎樣復活，帶著甚麼身體來呢？無知的人哪，你所種的，若不死就不能生。並且你所種的， 不是那將來的形體，不過是子粒。即如麥子，或是別樣的穀。但神隨著自己的意思，給他一個形體，並叫各等子粒，各有自己的形體。(林前十五35~38)

亞當獨特的身體是他復活生命的種籽。當我看見他躺在棺木裏那年輕而美麗的身軀時，我瞥見他這新生命。我要相信朋友的異象和夢，相信那些聽到我說亞當的故事的人心裏泛起的新希望；我也要相信透過我及別人的哀傷發生的事。當我相信這一切時，我也一定相信亞當——神所愛的兒子——的復活不單是我們期待會發生的事，更是在我們的哀傷中已經發生了的事。

第九章

亞當的靈

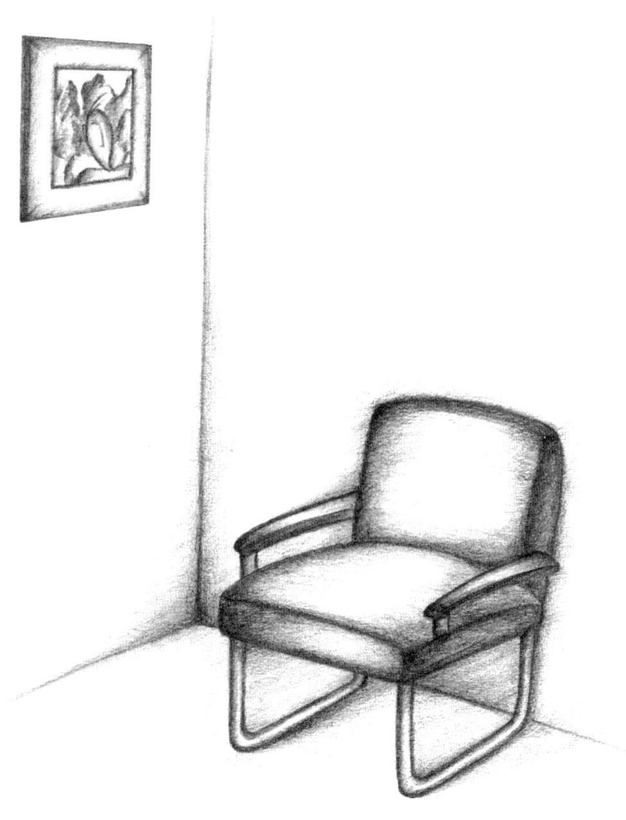

亞當是從神來的，他在世上生活了三十四年，現在已回到神那裏了。他的使命已完成，但還沒有完結；是永不會完結的，因為愛比恐懼更強，生命比死亡更強。亞當的愛及生命並不會朽壞，是永恆的，因為是神的愛及生命的一部分。耶穌在臨死前說：

> 然而我將真情告訴你們，我去是與你們有益的，我若不去，保惠師就不到你們這裏來，我若去，就差祂來。……祂要引導你們明白一切的真理。（約十六 6~7 、 13）

亞當的靈也是耶穌的靈。那是「仁愛、喜樂、和平、忍耐、恩慈、良善、信實、溫柔、節制」（加五 22）的靈。每一個與亞當一起生活過的人都曾被他美好的靈撫摸。這靈醫治了很多人，令他們重新認識自己的生命。亞當的死沒有使他的靈消失。相反，死亡釋放了他的靈，讓這靈可以自由地接觸那些從未見過亞當的人，他們從那些有幸認識他的人口中得知他的故事。因此，保存著有關亞當的記憶，遠遠不只是將他的照片掛在牆上，在禱告時提起他，或在他死亡的週年舉行特別聚會紀念他。保存著有關亞當的記憶的意思是保持開放，接受耶穌的靈。這靈曾住在他裏面，而現在奉派到我們這裏。亞當還有那麼多東西要給我們，而我們又那麼需要他準備給我們的東西！

幾個星期前，我到「新屋」作短暫的探訪。所有人都在那裏，包括露絲、羅伊、約翰、米高、安及其他人；但亞當不在那裏。不過我們還是談及他。約翰·大衛說：「亞當不在這裏，一切都與從前不同了。我們每時每刻都感到他已不在這裏了。」喬迪補充說：「我們很掛念他。」萊斯薩只是說：「要不要喝杯甚麼？」

我們在大廳的不同地方站著或坐著。我們沒有圍成一個封閉的圓圈，而是圍成一個不完整的圓圈——一個充滿哀傷和痛苦的圈。我們深深感到大家已到了一個時代的終結。我們的團體已有二十六年歷史，而在其中的十一年，亞當以他獨特的方式及品格融入這個團體。我們都感到，亞當的死標誌著我們這個團體的年輕時代已結束了。我們的哀傷帶領我們成為一個由一羣朋友組成的成熟團體。我們見到人們來來去去，有些人在這裏開始新生活，活得很豐盛，最後死去。我們一起生活了很久，也懷緬過去的事。亞當的死使我們等待一些新事物，而我們現仍不知道那是甚麼。

我們的話題漸漸由亞當轉到自己的生命及將來。約翰·大衛正預備他與希拉(Sheilagh)的婚禮；而喬迪則正預備她與大衛的婚禮；萊斯薩正準備回祖家波蘭繼續他的學業；從烏克蘭來的助理佩特羅(Petro)正申請入讀利沃夫(Lvov)的神學院。我發覺亞當的助理分佈在世界各地繼續他們的生活。

亞當的靈會存在他們心裏，與他們同在。無論他們在哪裏生活或工作，亞當都會繼續提醒他們他教給他們的一切。在未來的日子，當他們記起亞當時，那些他們忙碌地照顧亞當時不很清楚的事也會變得清楚起來。他們會對朋友説：「讓我告訴你亞當的事。很多年前，我和他在黎明之家的『新屋』一起生活。」當他們述説亞當的故事時，他們會再次發現，亞當的靈——充滿愛的靈——會繼續在他們生命中結果子。亞當會一直帶領他們完成他們的使命。

在那期間，留下來的人——包括約翰、露絲、羅伊、米高、安及其他人——仍指著亞當的空椅及他掛在牆上的照片。他們會告訴那些來吃晚飯的人：「亞當從前住在這裏。他是一個了不起的朋友及導師。亞當的生與死帶給我們平安、盼望、愛及深深的感恩。」

結語

對我來説，亞當的生命及我和他的關係是一份那麼真實而恆久的恩賜。從世俗的角度談論我們的關係是毫無意義的。但我——亨利，亞當的朋友——決定寫下他的故事。我沒有美化這故事，也沒有刻意將這故事寫得溫和或可愛。我只是盡力將它寫得簡單直接。我是亞當真理的見證人。我知道如果我事先不知道耶穌的故事，我絕不能述説亞當的故事。耶穌的故事讓我可以看見和聽見有關亞當的生與死的故事。正是在耶穌故事的亮光中，我感到我必須將亞當的故事盡量寫得簡單直接。

由於亞當——由於我可以擁抱亞當，並以完全的純潔及自由觸摸他，方舟團體成了我的團體，黎明之家成了我的家。亞當給我歸屬感。他使我植根於我自己肉身的真理，將我安頓在我的團體中，並在我們一起生活時讓我深深地感受到神的同在。如果沒有接觸過亞當，我不知我今天會變成怎樣。在黎明之家生活的最初十四個月，我替亞當洗澡、餵他吃東西、與他坐在一起。這一切給我一個我渴望已久的家；不單是一個與好人同住的家，更是在我裏面的家，在我羣體裏的家，在教會中的家。是的，還是在神裏面的家。

我聽過也讀過耶穌的生平，但我一直都不能觸摸祂或見祂；不過我可以觸摸亞當。我看見他也觸摸過他的生命。當我替他洗澡、刮鬍子、擦牙時，我觸摸到他的身體；當我小心地替他穿衣服、扶他去吃早餐、幫助他將調羹送入口中時，我也觸摸到他。當其他人替他按摩、和他做運動、和他一起坐在泳池及水力按摩浴缸時，他們也觸摸到他。他父母也觸摸過他。默里、卡西和布魯諾也觸摸到他。這就是我們所做的事：觸摸亞當！描述耶穌的話也應用來描述亞當：「凡摸著(祂)的人，就都好了。」（可六 56）每一個觸摸過亞當的人都在某些方面變得完全。這是我們都有的經驗。

因此，亞當的故事成了我對自己的信仰和信條的陳述，也成了我自己的故事的陳述，表達了我的力量及無能。當我寫這本書時，我愈來愈發覺我寫的每一個字都與我有關，就像與亞當有關一樣。這是必然的！我對亞當的愛驅使我著手寫他的故事。在這故事中，愛變成哀傷，我沈浸在眼淚中，卻也充滿期盼。就在那裏，愛和憂傷在我心中相遇，神的靈鼓勵我說：「坐下，寫這故事。你可以寫這故事，不單因為你愛他，也因為你很清楚那另一個故事。」(譯註)

於是我便坐下來，在哀傷中不斷地寫。我寫得很快，因為當我下筆時，我愈來愈明白，亞當曾活出耶穌的故事，而我每天都對願意聽的人談及這故事。

現在我要稍事休息。故事已寫完了。我盼望、祈求很多人會讀這故事，而且能明白它。

譯註：指主耶穌的故事。

讀後感（一）——大愛若傻

「我信甚麼？」

「當我說我信神——聖父、聖子、聖靈——時，究竟是甚麼意思？」

「我背〈信經〉時究竟在說甚麼？」

本書的作者在「引言」中劈頭這幾句問話，好像頭頂上一陣陣雷聲巨響，轟得我一時手足無措，呆若木雞。誠然我信主將近三十年，〈使徒信經〉不知念過多少遍，卻從來沒有如此這般嚴肅地思考過這些問題。本書帶給我一個完全嶄新的思考層面，使我也禁不住自己問自己：當我們說「神是愛」的時候，我們到底在說些甚麼？

不管我們知覺與否，神藉著父母對兒女的愛，早已百般殷勤地在前面節節引導著屬祂的人。我們的智慧畢竟有限，怎樣參透神的作為呢？我第一個孩子竟然是嚴重弱智的，神無限的恩典轉眼間變為沈重的負擔。我曾不斷向神反覆追問：「在這件事上，你的『美意』是甚麼？」可惜多次多方的禱告皆沒有回應，我只好默然接受。到了入學年齡，兒子卻完全沒有語言能力，又不能與別人溝通，父母百般慈愛的照顧，換來的只是一個沒有表情和冷冰冰的面孔。忽然之間我開始擔心，兒子將來能進天國嗎？按照教會的規矩，我們做父母的在嬰孩時期經已為孩子行過水禮，待成年後補行堅信禮，便是教會名單上的信徒。我眼巴巴地看著同齡的孩子先後堅信，心裏有說不出來的悲哀……讀完了這本書，我開始反省到自己的愚昧，難道神不會用一種不為我們所能明白的方式去開導他嗎？「在人不能，在神凡事都能。」

記得大兒子十六歲，畢業離開特殊學校和宿舍的一年，在星期三晚教會祈禱會上，我含著眼淚禱告：「本星期六兒子回家之後，要在家中等候政府安排。此時此地我彷彿站在十字街頭，不知何去何從。神啊！求祢引領我兒子今後的年月，好讓他能夠長在神的愛中。」那是一九八五年的事，按照當年服務短缺的情況，在家中等待一、二年並不稀奇，宿位則更需輪候七、八年以上。說也奇怪，兒子回家後不到七個月，我接到電話通知，說兒子已被安排進入展能中心接受日間訓練，至於宿位則仍待輪候。第二天某中心的社工姑娘家訪，發覺我的兒子頗有潛質可待發揮，建議轉介入別間程度較高的中心，以免有限的潛質遭埋沒了。兩星期後社工來電話說轉介成功，可安排日子以便接受訓練——原來神的愛早已在無聲無息中覆庇著我們。

讀後感（一）——大愛若傻

為著照顧兒子，我曾於一九七八年放棄舉家移民澳洲；一九八四年我又結束了艱苦經營十多年的小生意，親戚問我這樣犧牲值得嗎？我一時無言以對。有一天我閒來無事，正在沈思著先賢説過的一句話：「大智若愚，大巧若拙，大勇若怯」，猛然回頭反問自己：「大愛」若甚麼？苦思之後，我不禁啞然失笑對自己說：「大愛若傻」，傻到不懂得計究，不懂得盤算，在別人眼中是個十足的傻人。然而，我心裏卻滿有「神是愛」。

一九八七年九月，我與一羣弱智人士家長成立了一個自助組織，協助那些在苦難中掙扎、苦無出路的父母們從自我封閉中釋放出來。在彼此分享的過程中，他們得到極大的支持和鼓舞。十二年後的今天，他們已經不再徬徨、絕望、無助和無奈，並且敢於面對現實，敢於承擔責任，我禁不住感謝天父，神的「美意」已顯露出來。

張廣嗣
香港弱智人士家長聯會前主席
（1988~98）
一九九九年六月十日
外科手術後在家養息期中

讀後感（二）——方舟的媽媽

「妳去『方舟之家』事奉？三思呀！！妳以為有十四年牧會經驗就可以作傷殘人士的牧者嗎？你聽得懂他們的言語嗎？妳明白他們的需要嗎？妳接受過服侍傷殘人士的訓練嗎？」

我的幾位傳道好友連珠炮發地勸阻我，許或怕我勇字當頭不夠深思熟慮？！許或怕我將神的工作弄得一團糟？！

畢竟，神真的清晰又明顯地帶我去「方舟之家」。[1]

哈！這麼快就一年半。沒料到祝福滿滿，原來神是邀請我上「方舟」觀賞祂的偉大作為……

「方舟之家」令我哭笑連場，妙！妙！妙！

儘管傷殘弱能的弟兄姊妹有諸般的限制——坐輪椅、手不能動、口不能言、或耳不能聽，卻在主日崇拜中堅持地、盡情地、投入地全人讚美。有弟兄千辛萬苦地、搖搖晃晃也從輪椅中按著椅把作扶手站起來，快樂地歌唱，那份對上主崇敬的心都從他的每一舉動中流溢出來，我看見，哭了……

患有痙攣的姊妹，引致手腳不受控，經常抽筋，卻能有節奏韻律地舞動身體讚美神，有次因過分投入差點連輪椅也傾側，我看見，哭了……

幾位肢體均在我到任不夠一年就遽然辭世，為他們主持安息禮拜，席間看見他們的親人失去愛兒的傷痛、信徒頓失所愛的悲愁，我哭了……

「別心急，慢慢的再說一遍。」已經十多二十遍了，仍未猜中他要表達的是甚麼。「放鬆，別緊張，徐姑娘不介意，你也別介意。」温柔地鼓勵他說話。一個願講，一個願學聽，一旦猜估成功，明白他的意思，我倆都相視而笑，又或拍掌大笑，箇中的心情，微妙又美妙。

在方舟的溝通是多元化和多姿采的。有用字部，有用手勢(甚至腳勢)、臉容、眼神，原來人與人的溝通方式，可以那麼精彩和充滿創意。

到任半年，母親節主日講道完了，我用《媽媽好》的曲譜上新詞作回應，沒料到觸動三位殘障的姊妹(她們都是二十多歲的女孩)對母親的念掛，和被遺棄的傷心，突然嚎啕大哭，隨後看見其他的肢體也在落淚、啜泣。站在講台上的我，從未見過這場面。那日，有好幾位新來賓。

「是的！『方舟之家』就是一個可以同哭、同笑的家，此刻，有姊妹哭了，讓她們盡情哭吧！」過了幾分鐘，有弟兄姊妹推她們去拭淚、擤鼻和洗洗臉。

崇拜後，我逐一擁抱她們，她們仍在哭。

「徐姑娘做『方舟之家』的徐媽媽，痛惜妳們，好不好？」三對哭紅了眼，苦垂的臉漸有了笑容，有一位豎起拇指（因她不能言）不住點頭，我親親她們的臉，她們笑了，我卻哭了。我的心也融化了。

傷殘、體健，在神眼中都是寶貴的。他們都是按神形象造的，他們需要愛和被愛、需要尊重及被信任。他們需要耶穌的拯救、天父的慈愛、聖靈的契通。他們需要有神的話語作生活準繩，他們需要有屬靈的家——神的教會。

傷殘、弱能、智障，都能彰顯神的美與善。我牧養的羣體中，剛在去年十月離世的秉國，雖身患肌肉萎縮症，只得右拇指和食指能微動，卻能洋洋灑灑寫出他的自傳故事《最愛最疼》[2]及繪畫了數十幅清新靈逸的山水畫作。少蘭雖然骨骼鈣化影響身體僵硬變形，卻精明決斷，剛毅敢言，常為院友討回應有權益，氣魄勝男兒。國峯幼年一次高燒，至今全身無法動，卻能用電腦作詞譜曲，創意源源，是個開心快樂人。

神給我看見的，在人看來不幸、可憐的一羣，在教會看來是沈重及不知如何牧養的羣體，原來是一羣生命的勇士、信心的英雄、肢體的激勵、教會的祝福。

妙！妙！妙！

亞當

徐玉琼

方舟之家牧師

一九九九年六月二十八日

註

1「方舟之家」於一九九六年九月成立，座落於沙田亞公角山腰「突破青年村」內，其特別之處乃傷健一家的教會。目前崇拜人數約一百人，其中傷殘弱能人士佔半數。

2《最愛最疼》，突破出版社，一九九九年六月出版。

讀後感（三）——苦難的言說

一、

接到基道出版社編輯的傳真，希望我寫一篇盧雲神父近作《亞當》中譯本的讀後感，他說服我的理由是我也有一位相似盧雲在《亞當》書中所提及的弱智的哥哥。尚未拿定主意時，他已將稿件電郵給我，結果，至今我仍找不到答應寫這篇文章的理由。

寫這篇「讀後感」的心情特別複雜，我懷疑自己是不是真的適合寫。我確實後悔接受這次邀請，因為，盧雲神父是用生命的遭逢言說亞當，而我卻是在言說關於生命的言說，無疑的，這是對盧雲神父不敬，也是對亞當不誠實。

當然，我還是欣然承擔這個任務，這份感受是針對盧雲而非對書中的主角「亞當」。我對盧雲神父有一份崇敬感，曾經在我信仰極其脆弱和徬徨時，讀了他的書深獲感動和激勵。這份閱讀心得主要還是表達我對盧雲神父的謝意和敬意。

二、

我經常有機會在路上踫到一位母親手拖著一位弱智的孩子穿過車陣和人羣，每一次我都會留意他們幾眼，想從他們的動作中一探背後的故事，然而每一次都會激起我非常難受的情緒，因為它誘使我想起我們家人帶著大哥出門時的情景。正因為自己有一位智障的大哥，所以知道每一個生命背後都有一則無法分享的故事。

於是我愈發了解，苦難是私有的，它是無法分享的；對於那些經歷苦痛的人，我們沒有資格去安慰他們，我們無法進入他們的世界，真正需要幫助的人反倒是我們。由於苦難無法分享，所以我們不可能天真的以為可以去分擔他人的苦，我們頂多只能說是分享了關於苦難的言說。但是，既便是言說，苦難也難以被言盡。

在這本書裏，盧雲想通過與亞當的互動中去體認耶穌，主角亞當成了耶穌在世上的言說者。可是讀過以後會有一種感覺，本書更多是在談及盧雲神父本人學習的感受和經歷，至於書中的主角亞當，對他的言說可謂非常的少，這裏的「少」是帶有隱喻作用的，其神學意涵也在此。

我們必須緊記著：「關於苦難的言說並不是苦難。」我沒有說因此就放棄言說，相反的，我們要盡可能的說。面對信仰和生命的課題，我們最好是成為作者而非讀者。

我們可以從「作者——亞當——耶穌」的書寫關係，和「讀者——作者——亞當」的閱讀關係，來理解生命和信仰的奧祕。作者想藉由對亞當的書寫，書寫出對耶穌基督的信仰和體驗；另一方面，讀者想藉由盧雲的書寫，閱讀到亞當。這兩項任務都沒有成功。換言之，盧雲想書寫耶穌，但書寫出來的結果是亞當而不是耶穌；讀者想閱讀到亞當，可是閱讀到的不是亞當而是盧雲。

從這項詮釋學的關係中發現，信仰和生命即是最微妙又難以言傳的東西，它們永遠無法在我們的經驗中說盡、說透，正如盧雲沒有因為亞當而說盡了耶穌一樣，我們讀到的亞當也不是盧雲所經歷的全部。信仰必定需要「經歷」，生命非得親自去「體會」不可，關於信仰的言說不是信仰，關於生命的言說也不是生命，不管是信仰或是生命，都多過於而非少過於關於它的言說，基督徒信仰的上帝更是如此。

因此，正如我們在閱讀《亞當》時得到更多關於盧雲對亞當的言說一樣，當盧雲想藉由亞當進入耶穌時，盧雲也僅是得出關於耶穌的言說。對此，我們得出了一個結論，我們「能言說」的永遠少過於「所言說」的，正因為這樣，神是永遠說不盡的，我們不能只活在別人對於神的言說中，真正的信仰是自己去言說神而非閱讀關於神的言說。盧雲正在言說著神，我們必須去尋獲我們自己言說神的方式。試問，誰是我們的「亞當」？如果我們要寫一本關於「亞當」的故事，我們肯定會得出不同於盧雲的「亞當」，結果有「亞當 I」、「亞當 II」……

這說明了我們不是依靠別人對耶穌的談論來維繫信仰的，我們必須自己說出對耶穌的談論。

三、

生命的本質是脆弱的，所有的真實生命都接近於殘酷、無法理解、深不可測，但又是活生生、有血有肉的。

我曾寫過有關大哥的故事，然而我必須承認，最有資格談論大哥的是我的母親。我筆下的大哥和盧雲筆下的亞當有一點看來是相似的，我們的筆觸在很大程度上都美化了生命中一些無法解釋或接近殘酷的東西；我無意否定盧雲神父的真誠，但我很想知道，亞當的父母筆下的亞當會是如何？他們如何談論他們的亞當？我相信，亞當的父母所體會到的，與盧雲所描繪的是不一樣的。

我想說的是，對於生命中無法分享的，請不要用浪漫的語調或華美的修辭去談論它，至少，在缺乏生命遭逢之際，我們還是不隨意開口為妙，不要輕言可以擦拭他人的眼淚，避免成為「約伯的朋友」和冒犯「約伯」私有的傷痛。總之，我們最好學習要更多的傾聽而非談論，關於這點，我認為盧雲做到了。

讀完這本書，我不盡的問自己：我有沒有可以談論的亞當？誰是我藉以談論耶穌的亞當？我是不是該先學會傾聽才去談論？

曾慶豹
台灣中原大學助理教授
一九九九年六月十五日
於台灣中原大學

作　者　簡　介

盧雲(Henri J.M. Nouwen)

原籍荷蘭，著名靈修及牧養神學作家，曾於美國聖母院大學、耶魯大學及哈佛大學之神學院任教多年。一九八五年離開哈佛大學，在法國Trosly的「方舟團體」(L'Arche Community)生活，等候及尋索未來的「召命」。終於受「方舟團體」在加拿大多倫多市以北的「黎明之家」(Daybreak)邀請，自一九八六年起為其牧者，服事家中的弱智人士及職員，直至一九九六年九月安息主懷止。其作品包括《羅馬城的小丑戲》、《心應心》、《始於寧謐處》、《念》、《親愛主，牽我手》、《奉耶穌的名》、《與祢同行》、《鏡外》、《新造的人》、《生命中的耶穌》、《愛中契合》、《黎明路上》、《建立生命的職事》、《負傷的治療者》、《亞當》、《活出有愛的生命》及《盧雲眼中的梅頓》等。

盧．雲．著．作．一．覽．表（基道出版）

Intimacy: Essays in Pastoral Psychology (1969)
《愛中契合》香港：基道，一九九四。

Creative Ministry (1971)
《建立生命的職事》香港：基道，一九九六。

With Open Hands (1972)
《親愛主，牽我手》香港：基道，一九九一。

Thomas Merton: Contemplative Critic (1972)
《盧雲眼中的梅頓》香港：基道，一九九九。

The Wounded Healer (1972)
《負傷的治療者》香港：基道，一九九八。

Out of Solitude (1974)
《始於寧謐處》香港：基道，一九九一。

Clowning in Rome (1979)
《羅馬城的小丑戲》香港：基道，一九九〇。

In Memoriam (1980)
《別了，母親》香港：基道，一九九〇。
《念：別了母親後》(重譯本)香港：基道，二〇〇〇。

Making All Things New (1981)
《新造的人》香港：基道，一九九二。

Compassion (With D. McNeil and D. Morrison, 1982)
《慈心憐憫》香港：基道，二〇一七。

Letters to Marc about Jesus (1988)
《生命中的耶穌》香港：基道，一九九三。

The Road to Daybreak: A Spiritual Journey (1989)
《黎明路上》香港：基道，一九九五。

Heart Speaks to Heart (1989)
《心應心》香港：基道，一九九一。

Beyond the Mirror (1990)
《鏡外》香港：基道，一九九二。

In the Name of Jesus (1990)
《奉耶穌的名》香港：基道，一九九二。

Walk with Jesus (1990)
《與祢同行》香港：基道，一九九二。

Life of the Beloved (1992)
《活出有愛的生命》香港：基道，一九九九。

Adam: God's Beloved (1997)
《亞當——神的愛子》香港：基道，一九九九。

Sabbatical Journey: The Final Year (1997)
《安息日誌——秋之旅》香港：基道，二〇〇二。
《安息日誌——冬之旅》香港：基道，二〇〇三。
《安息日誌——春夏之旅》香港：基道，二〇〇三。

The Road to Peace (1998)
《和平路上》香港：基道，二〇〇二。

Finding My Way Home (2001)
《尋找回家路》香港：基道，二〇〇四。

Turning My Mourning into Dancing: Finding Hope in Hard Times (2001)
《祢已將哀哭變為跳舞》香港：基道，二〇一八。

Peacework: Prayer, Resistance, Community (2005)
《和平篇章》香港：基道，二〇〇七。

A Spirituality of Living (2011)
《盧雲靈思集·生命中的蒙愛時刻》香港：基道，二〇一八。

A Spirituality of Caring (2011)
《盧雲靈思集·關顧，傷癒時刻》香港：基道，二〇一八。

A Spirituality of Homecoming (2013)
《盧雲靈思集·歸心，歸回上帝的時刻》香港：基道，二〇一八。

Discernment: Reading the Signs of Daily Life (With Michael J. Christensen, Rebecca J. Laird, 2013)
《靈心明辨》香港：基道，二〇一五。

Following Jesus: Finding Our Way Home in an Age of Anxiety (2015)
《跟從耶穌，每一步都是歸心之路》香港：基道，二〇二〇。

靈修著作精選

重整靈性生命，陶冶完善人格。

我們與（不）信的距離——默想聖經6個不完美的聖徒故事

黃嘉樑 著／HK$78

跟從耶穌，每一步都是歸心之路——盧雲給焦慮時代的6堂心靈課

Following Jesus: Finding Our Way Home in an Age of Anxiety

盧雲 (Henri J. M. Nouwen) 著／黃大業 譯／HK$78

祢已將哀哭變為跳舞——在時艱中尋找盼望

Turning My Mourning into Dancing: Finding Hope in Hard Times

盧雲 (Henri J. M. Nouwen) 著／黃大業 譯／HK$78

盧雲靈思集．生命中的蒙愛時刻

A Spirituality of Living

盧雲 (Henri J. M. Nouwen) 著／黃大業 譯／HK$58

盧雲靈思集．歸心，歸回上帝的時刻

A Spirituality of Homecoming

盧雲 (Henri J. M. Nouwen) 著／黃大業 譯／HK$58

盧雲靈思集．關顧，傷癒時刻
A Spirituality of Caregiving
盧雲 (Henri J. M. Nouwen) 著／黃大業 譯／ HK$58

一花一天國——默觀的動念與操練
Just This: Prompts and Practices for Contemplation
羅爾 (Richard Rohr) 著／黃大業 譯／ HK$78

詩篇心禱：用最真實的自己面對上帝——從詩篇學禱告的12 堂課
Psalms: Prayers of the Heart (A LifeGuide Bible Study)
畢德生 (Eugene H. Peterson) 著／黃大業 譯／ HK$78

佈道靈旅—— 52 天腓立比書靈修之旅
鄺偉志 著／ HK$68

歸心祈禱——與上帝親密之旅
張琴惠 著／ HK$83

歸心祈禱的操練——與上帝親密同行 40 天
Forty Days to a Closer Walk with God: The Practice of Centering Prayer
大衛．邁思勤 (J. David Muyskens) 著／陳群英 譯／ HK$78

歸心祈禱的操練 2 ——更深地與上帝同行 40 天
Sacred Breath: Forty Days of Centering Prayer
大衛．邁思勤 (J. David Muyskens) 著／邱其玉 譯／ HK$78

復興，與你所想的不一樣——撒迦利亞書給這時代的 12 個信息

羅慶才 著／HK$68

禱告操練 7 堂課——學習主禱文

羅慶才 著／HK$68

敬虔操練 13 課

羅慶才 著／HK$68

生命成長 17 課——學習聖靈果子和八福

羅慶才 著／HK$68

靈命操練禮讚（新譯版）
Celebration of Discipline: The Path to Spiritual Growth

傅士德 (Richard J. Foster) 著／黃大業 譯／HK$98

我一直以為，人生是這樣走的——為生命重新導航
Breaking the Idols of Your Heart: How to Navigate the Temptations of Life

艾倫德 (Dan B. Allender)、朗文 (Tremper Longman III) 著／李小釧 譯／HK$98

敢於跟隨主

鄧瑞強 著／HK$58

緊扣時代 服事教會

以文字傳揚基督真道

讀者意見表

衷心多謝你購買本社書籍。本社一直致力以出版事工服事教會，幫助信徒扎根於神的話語，促進靈命增長。為使我們的出版更能滿足你的需要，請填寫下列各項資料，並寄回或傳真予本社。

所購書籍：________________

本書最吸引你的地方：

□作者　□適切性　□文筆　□設計　□實用性

□其他：________________

購買本書地點：

□基道書樓　□基督教書店　□非基督教書店

性別：□男　□女　職業：________________

信仰：□基督徒　□非基督徒

年齡：□16歲或以下　□17～25歲　□26～35歲

□36～55歲　□56歲或以上

學歷：□中三或以下　□中五　□預科

□大學　□研究院

□我欲更多了解基道出版社的事工及考慮支持，請寄給我下列資料：

□機構簡介　□新書資料　□「書中行」書會資料

□《基道文字事工通訊》

姓名：________________ 電話：________________

地址：________________

____

傳真：________________ 電子郵件：________________

其他意見：________________

____

多謝賜教！

意見表可以傳真（2687-0281）或直接郵寄以下地址：

香港沙田火炭坳背灣街26號富騰工業中心1011室

基道出版社編輯部收